VERSUS

Do you speak Immobilienenglisch?

Von Objekten, abgehängten Decken und anderen Dingen

Gisela Francis Vogt

3., überarbeitete und erweiterte Auflage

Versus · Zürich

Inhaltsverzeichnis

Vorwort

Seit langem schon nimmt das Englische einen breiten Raum in der deutschen Wirtschaftssprache ein. Das betrifft die Fachbegriffe im engeren Sinne genauso wie die eigentliche Kommunikation in einem immer internationaler werdenden Umfeld. Die Immobilienwirtschaft – in ihrem Selbstverständnis eine noch junge eigenständige Branche – bildet da keine Ausnahme.

Doch wie für alle Wirtschaftszweige gilt auch für die Immobilienwirtschaft: BSE – Bad Simple English – ist der Feind der funktionierenden und zielführenden Kommunikation in einer Sprache, die für viele ihrer Sprecher nicht die Muttersprache ist. Zwar geben nahezu alle Studenten immobilienwirtschaftlicher Hochschulgänge Jahr für Jahr in der von der Immobilien Zeitung vorgenommenen Befragung für den «IZ-Karriereführer» an, Englisch fließend oder gar verhandlungssicher zu beherrschen. Doch die englische Sprache macht es dem Nichtmuttersprachler bekanntlich zunächst einmal relativ leicht, mit ihr umzugehen und eine gewisse Fertigkeit in ihr zu erlangen, und lädt so geradezu dazu ein, die eigene Sprachkompetenz zu überschätzen. Gerade deshalb kann man nur raten, diese immer wieder auf den Prüfstand zu stellen, regelmäßig einzuüben und zu verbessern.

Bis vor wenigen Jahren gab es für Immobilienenglisch allerdings noch kaum spezielle Fachliteratur, die dabei unterstützen konnte. Um diese Lücke zu füllen, entstand vor gut zehn Jahren das Projekt eines zweisprachigen Wörterbuchs, das alle Disziplinen und Randbereiche der Immobilienwirtschaft umfassen sollte. Das von Schulte/Lee/Paul im Buchverlag der Immobilien Zeitung herausgegebene große «Wörterbuch Immobilienwirtschaft deutsch – englisch, englisch – deutsch», im Frühjahr 2005 in erster Auflage erschienen, wurde entsprechend gut aufgenommen und hat sich in kürzester Zeit als Standardwerk etabliert.

Doch ein Wörterbuch allein hilft im Berufsalltag im Zweifelsfall nur bedingt weiter, da die richtige Verwendung des Fachvokabulars eine bereits ausgebildete Sprachkompetenz voraussetzt. Auch aus dieser Überlegung heraus entwickelten wir bald gemeinsam mit Alec Evans – der als einer der Autoren von Beginn an einen maßgeblichen Anteil an der Entstehung des mittlerweile in der vierten Auflage vorliegenden Wörterbuchs hatte – die Idee einer regelmäßigen Rubrik in der Immobilien Zeitung, die thematisch zusammenhängende Fachbegriffe und einschlägige Formulierungen in kleinen, unterhaltsamen und zugleich informativen Erzählungen zusammenbringen sollte. So entstand quasi als Nebenprodukt aus der Arbeit am Wörterbuch seit Sommer 2006 die Artikelserie «Immobilien-Englisch mit Alec & Friends», in der Alec Evans und andere Autoren in kurzen und mit viel Sprachwitz gewürzten Texten englisches Fachvokabular im konkreten textuellen Zusammenhang erläuterten.

Als Alec Evans dann nach mehr als drei Jahren und vierzig Texten die Serie nicht mehr fortführen wollte und sie eingestellt zu werden drohte, sprangen Anfang 2009 zwei Frauen in die Bresche. Seither sind in der «neuen Folge» der Rubrik «Immobilien-Englisch» bis heute mehr als 70 einzelne Artikel von Gisela Vogt erschienen, zunächst in Zusammenarbeit mit Alice Jovy verfasst, der Autorin des im Verlag der Immobilien Zeitung veröffentlichten Lehrbuchs «English Correspondence and Report Writing for Real Estate Professionals».

Mit der neuen Autorin hat aber nicht nur ein etwas anderer persönlicher Stil Einzug gehalten, sondern macht sich auch ein anderer beruflicher Hintergrund bemerkbar. Während Alec Evans seine Texte aus der Perspektive des Übersetzers und Immobilienbewerters verfasste, speisen sich die Themen und Quellen nun direkt aus dem Lehrbetrieb einer der renommiertesten Ausbildungsstätten für den immobilienwirtschaftlichen Nachwuchs in Deutschland.

Die Artikel erfreuen sich entsprechend auch einer großen Beliebtheit unter den Lesern der Immobilien Zeitung, weswegen die Serie auch weiter fortgeführt wird. Alle vier Wochen erscheint ein neuer Artikel, der auch im Internet unter www.iz.de/immobilien-englisch für eine Weile frei zugänglich ist, während die gesamte Serie exklusiv Abonnenten der Immobilien Zeitung zur Verfügung steht.

Da aber bekanntlich nichts so veraltet ist wie die Zeitung von gestern und in Zeitungen veröffentlichte Texte meist nur kurz Aufmerksamkeit finden und dann schnell wieder in Vergessenheit geraten, bot es sich an, diese Texte – die ja anders als die Nachrichten nichts an Aktualität verloren haben – zu sammeln und in kompakter Form einer fachlich interessierten, lern- und wissbegierigen Leserschaft zur Verfügung zu stellen.

Und so ist dieser Band entstanden. Wenn Inhalte lebendig erzählt sind – noch dazu kongenial begleitet durch die witzigen Illustrationen von Ralf Alex Fichtner –, prägen sie sich leichter ein.

Ich wünsche eine erquickliche und lehrreiche Lektüre!

Thomas Hilsheimer
Lektor, Immobilien Zeitung

Über dieses Buch

Als Erstes stellt sich natürlich die Frage, wozu dieses Buch? Schließlich wurden die Texte schon als Kolumnen in der Immobilien Zeitung veröffentlicht und sind sogar für Abonnenten auf deren Website elektronisch verfügbar. Einen Grund hat Herr Hilsheimer schon in seinem Vorwort genannt, aber ein anderer Grund ist natürlich, dass wir Menschen haptische Wesen sind, sagt man zumindest. Aber was heißt das eigentlich? Der Begriff Haptik kommt aus dem Griechischen und leitet sich von *haptós* (fühlbar) bzw. *haptikós* (zum Berühren geeignet) ab und bezeichnet das aktive Erfühlen von Größe, Konturen, Oberflächenmaterial und Gewicht eines Objekts. Auch wenn man dies sicherlich alles auch mit einem Bildschirm tun kann, ist ein Buch doch viel besser zum Berühren geeignet. Außerdem verbinden wir das Lesen eines Buches oft mit anderen schönen Dingen, wie zum Beispiel einer Tasse Kaffee oder einem Glas Rotwein, und verbinden sozusagen das Nützliche mit dem Angenehmen. Das ist auch der Grund, warum wir so gerne Bücher verschenken, besonders wenn diese auch noch schön gemacht sind.

An der Entstehung eines Buches sind immer viele Personen beteiligt, weshalb mein Dank an all diese Personen leider nicht auf diese Seite passt. Beginnen möchte ich natürlich mit Alice Jovy, Inhaberin von Let's Speak Real Estate (www.letsspeakrealestate.de), Koautorin der Kolumne Immobilienenglisch. Ihre Kenntnisse um die Klippen, die es für Nichtmuttersprachler in der englischen Sprache, insbesondere in der immobilienwirtschaftlichen Fachsprache, manchmal zu umschiffen gilt, haben wesentlich zum Erfolg unserer Kolumnen beigetragen, ohne die es dieses Buch nicht gäbe. All mein weiterer Dank befindet sich auf Seite 103.

Bleibt auch mir nur, viel Spaß zu wünschen beim Lesen – mit oder ohne Kaffee oder Rotwein!

Frankfurt, im April 2015 Gisela Francis Vogt

BUILDING

HOUSE

Über die Kunst, englischsprachige Marktberichte zu lesen

Englischsprachige Marktberichte stellen hohe Anforderungen an den Leser – nicht nur weil sie in einer Fremdsprache geschrieben sind, nein auch für Muttersprachler stellen sie durchaus eine Herausforderung dar.

In vielen Marktberichten findet man die Begriffe *prime yields* oder *secondary yields*. Einige deutschsprachige Marktberichte definieren, was sie unter *prime yields* verstehen, manche übersetzen *prime yield* mit Spitzenrendite, andere verwenden den englischen Begriff. Generell definiert man *prime* als «being the best in terms of location, building specification, rental growth and strength of tenant's covenant» – also als top in Bezug auf Lage, Gebäude und Ausstattung, Miete sowie Bonität des Mieters. So weit, so gut – das war noch relativ einfach. Komplizierter wird es bei *secondary yields*. Der Begriff wird zwar sehr häufig in Marktberichten verwendet, dennoch findet sich nirgends eine Definition von *secondary*. Nach einiger Recherche bin ich jedoch in der Encyclopedia of Real Estate Terms auf eine Definition von *secondary* im Zusammenhang mit *secondary location* gestoßen: «Secondary describes a relative term, although generally it is used to describe any position that is inferior to a prime.» Mit anderen Worten: Alles, was nicht *prime* ist, ist *secondary*. Wohl aufgrund der Ungenauigkeit des Begriffs wird in vielen deutschsprachigen Übersetzungen von englischen Marktberichten *secondary yields* nicht benutzt, dafür werden Daten zu den Durchschnittsrenditen angegeben.

Die Begriffe *property* oder *real estate* scheinen Researchern auf Dauer langweilig zu werden, und so findet man Ausdrücke wie *accommodation* oder *product*, die natürlich in diesem Zusammenhang alle nur Immobilie bedeuten. An dieser Stelle sei allerdings ein

Hinweis auf einen Stolperstein erlaubt. Ein Objekt, im Deutschen ein gern gebrauchtes Synonym für Immobilie, wird in diesem Sinn nicht im Englischen gebraucht. Im Englischen bezeichnet *object* lediglich kleinere Gegenstände wie zum Beispiel ein Glas, eine Tasse oder einen Stift – aber auf keinen Fall etwas von der Größe einer Immobilie.

Nun scheint die größte Herausforderung für Autoren von *market reports* zu sein, kreative Wendungen für die verschiedenen Marktbewegungen zu finden, was dann teilweise zu literarischen Höhenflügen führt. So liest man zum Beispiel: «Investment activity in Central London remains extremely strong, comfortably eclipsing the previous year's record figure.» Klingt topaktuell, ist aber ein Beispiel aus einem Marktbericht von 2007. Die Vorjahresergebnisse wurden nicht einfach nur übertroffen, sondern in den Schatten gestellt bzw. die aktuellen Ergebnisse ließen sie erblassen. Man spricht auch nicht einfach von einem Aufwärtstrend, sondern von einer *upward trajectory* – also einer Aufwärtsflugbahn. Aber man findet nicht nur Begriffe aus der Ballistik oder der Luftfahrt, sondern auch aus der Musik: «The Q1 2010 transaction volume fell back to £4.2bn after reaching a mini crescendo in Q4 2009.» Nun ein Crescendo bezeichnet das Lauterwerden eines musikalischen Vortrags. Aber was ist dann ein *mini crescendo?* Wird es dann mal kurz laut?

Aber auch die Geologie bleibt nicht verschont. «German interest in Central London has also eased as yields have been eroded.» *Yields* wurden also erodiert, abgetragen oder angefressen (von wem eigentlich?), unterhöhlt oder ausgewaschen – um nur ein paar Übersetzungen aufzulisten, die man für *to erode* findet. Zugegeben, «*Yields* sind gefallen», klingt bedeutend weniger dramatisch, geradezu profan. Zuletzt aber noch ein Beispiel aus der Physik: «Our central scenario is that the positive inertia from the first half of 2010 should still be sufficient to generate a double digit return for the year as a whole.» Nun, *inertia* bedeutet physikalische Masse, Masseträgheit, Beharrungsvermögen – in diesem Fall steht es wohl einfach für Ergebnis!

Lage, Lage, Lage

«Lage, Lage, Lage» ist längst zum geflügelten Wort geworden. Dies wurde mir spätestens klar, als ein Taxifahrer auf dem Weg zur Expo Real[1] beim Stichwort Immobilien «Lage, Lage, Lage» zitierte. Aber woher kommt dieser Ausspruch eigentlich? Anders als «Peanuts» und «Heuschrecke» kommt er aus Großbritannien und wurde in seiner englischen Form als «location, location, location» Mitte der 1960er Jahre von Lord Harold Samuel, dem Gründer und Vorsitzenden des Land Securities Investment Trust, geprägt. Nebenbei bemerkt: Während sich Angelsachsen unter den viel zitierten Peanuts noch etwas vorstellen können, ist dies bei den Heuschrecken – im Englischen *locusts* – nicht der Fall. Aber zurück zu «Lage, Lage, Lage» bzw. «location, location, location» und zu deren Klassifizierung. Die berühmte 1a-Lage, A-Lage, Top- oder Spitzenlage – alle Begriffe finden sich in Marktberichten bzw. in der Literatur – bezeichnet man in England als *prime location* und in Amerika als *AAA location.* Definiert wird *prime location* als eine Lage, die aufgrund des Interesses von *prospective occupiers* (potenziellen Nutzern) die höchste Nachfrage generiert und damit die höchsten *land values* (Grundstücks- bzw. Bodenwerte) aufweist. Redet man allerdings über die Eigenschaften einer Immobilie selbst – baulicher Zustand, Ausstattung etc. –, spricht man von *Grade A specification.*

Secondary location hingegen entspricht im Deutschen am ehesten einer B-Lage, ist aber, ähnlich wie *secondary yields,* eher ein relativer Begriff, der alle Lagen bezeichnet, die als geringwertiger angesehen werden als *prime locations.* Im Gegensatz zum Deutschen wird im Englischen nicht weiter in C-Lagen etc. unterteilt,

1 Die Expo Real ist eine jährlich in München stattfindende internationale Fachmesse für Gewerbeimmobilien und Investitionen.

zumindest in Marktberichten werden keine weiteren Abstufungen vorgenommen.

Um Lagen zu beschreiben, wird oft der Begriff *amenities* verwendet. *Amenities* lässt sich aber nicht eins zu eins ins Deutsche übersetzen. Das Wort stammt vom lateinischen *amoenus* ab und bedeutet *pleasant* (angenehm). *Local amenities* zum Beispiel definieren die allgemeinen nützlichen oder wünschenswerten Eigenschaften, die eine Lage für gewerbliche bzw. Wohnraumnutzer attraktiv machen. So findet man etwa in Exposés Beschreibungen wie: «Local amenities that are located within walking distance include restaurants and shops and a supermarket.» *Amenities* wird aber auch benutzt, um besondere Eigenschaften einer Immobilie selbst zu beschreiben: «The office complex features a coffee shop and other amenities.» Im Singular wird *amenities* auch in Zusammenhang mit anderen Substantiven gebraucht: *amenity land* zum Beispiel bezeichnet Freiflächen.

Zum Abschluss noch ein kleiner Hinweis auf einen typischen Stolperstein. Im Deutschen haben wir uns das Wort Exposé aus dem Französischen geborgt, aber ein Angelsachse kann mit diesem Begriff wenig anfangen und fühlt sich wohl, wenn überhaupt, am ehesten an das Verb *to expose* – also etwas enthüllen – erinnert. Man spricht von *sales details* oder *sales particulars* bei einem Exposé im Rahmen eines Verkaufs und von *letting details* oder *letting particulars* im Rahmen einer Vermietung.

Von Räumen und Flächen

Bisher habe ich immer am Ende eines Kapitels einen Hinweis auf einen Stolperstein gegeben. Diesmal werde ich mit einem anfangen. Genauer gesagt geht es mehr um einen kleinen Exkurs in die Grammatik – zu den «unzählbaren Substantiven», den *uncountable nouns.* Nun, viele erinnern sich eventuell noch aus ihrer Schulzeit an die *uncountable nouns.* Laut Grammar of the English Language der Cambridge University Press werden *countable* und *uncountable nouns* folgendermaßen unterschieden: «Countable nouns have a singular form and a plural form. Uncountable nouns have only one form, e.g. furniture NOT furnitures.» Der Klassiker unter den *uncountable nouns* ist zweifelsohne *information,* vor allem deshalb, weil uns *«informations»* immer wieder in Durchsagen an Flughäfen begegnet oder aber dem einen oder anderen Bahnkunden in Verbindung mit dem inzwischen sprichwörtlichen «Sänk you for trävelling wis ...» bekannt sein dürfte.

Aber zurück zur Immobilie: Im Zusammenhang mit Immobilien werden einige *uncountable nouns* verwendet. Hier wären vor allem: *accommodation* (Räumlichkeiten/Unterbringung/Nutzung oder einfach nur Fläche – vornehmlich gewerblich), die oben erwähnten *furniture* (Möbel) und *research* (Forschung) zu nennen. Auch *space,* zum Beispiel, wird zwar nicht generell, aber im Sinne von Büroflächen wie ein *uncountable noun* behandelt, und man spricht von *office space,* nicht von *«office spaces».*

Fläche wird auch als *area* (das ist ein *countable noun!)* bezeichnet. So entspricht *floor area* der Geschoss- oder Grundfläche, während *usable (floor) area* Nutzfläche bedeutet. Weitere Flächenbezeichnungen sind etwa *circulation areas* (Verkehrsflächen) oder *service areas* (Funktionsflächen). In allen Fällen können *area* und *space* synonym gebraucht werden. Mit *ancillary space* wiederum bezeichnet man Nebenflächen. *Ancillary* (ergänzend, zusätzlich) ist im Übrigen eine sehr nützliche Vokabel, denn sie passt bei allem, was im Deutschen die Vorsilbe «Neben-» trägt, wie zum Beispiel *ancillary costs* (Nebenkosten), *ancillary building* (Nebengebäude) oder *ancillary use* (Nebennutzung).

In Deutschland und in der Schweiz werden Flächendefinitionen meist nach DIN 277 oder nach den gif-Richtlinien angewandt. In Großbritannien dagegen findet der Code of Measuring Practice der Royal Institution of Chartered Surveyors (RICS) Anwendung. Dieser definiert *Gross External Area (GEA)* als «the area of a building measured externally at each floor level». *GEA* beschreibt also die Fläche eines Gebäudes, wobei die Flächen aller Geschosse zusammengezählt werden. Die Definition für *Gross Internal Area (GIA)* hingegen lautet: «the measurement of a building on the same basis as gross external area, but excluding external wall thickness». Schließlich bezeichnet *Net Internal Area (NIA)* «the usable area within a building measured to the internal finish of the perimeter walls (Umfassungswand) at each floor level». Da die Definitionen nach dem Code of Measuring Practice nicht unbedingt mit der DIN 277 oder den gif-Vorgaben übereinstimmen, empfiehlt es sich, immer genau zu überprüfen, auf welcher Grundlage die angegebenen Flächen gemessen wurden.

Die richtigen Maße

Nach und nach werde ich mich mit den verschiedenen Immobilienarten beschäftigen. Bevor ich aber damit beginne, möchte ich noch einen Exkurs machen – und zwar zu den verschiedenen Maßeinheiten.

Im British Empire wurde 1824 in Rahmen des British Weights and Measures Act das sogenannte Imperial System bzw. die Imperial Units eingeführt: «The units were introduced in the British Empire, excluding the then already independent United States.» In den USA gelten die U.S. Customary Units, welche zwar zum großen Teil mit den Imperial Units übereinstimmen, aber eben nicht immer. Man konnte sich aber immerhin 1959 auf eine einheitliche Definition eines *yard* einigen.

Nun, dass sich das Britische Empire ziemlich verkleinert hat, ist ja hinlänglich bekannt. Allerdings war ich davon ausgegangen, dass die Imperial Units weiterhin in den meisten Ländern des Commonwealth gelten würden, schließlich haben sich ja auch andere liebgewonnene koloniale Gewohnheiten erhalten, wie zum Beispiel der Linksverkehr. Nach einiger Recherche wurde ich eines Besseren belehrt. Der Kreis der Länder, in denen das metrische System offiziell nicht angewendet wird, umfasst neben dem Vereinigten Königreich weltweit nur noch zwei Staaten, und zwar Myanmar und Liberia.

Auch wenn es seit 1995 im Vereinigten Königreich verpflichtend ist, alle gehandelten Waren mit metrischen Maßen auszuzeichnen, während die Auszeichnung in Imperial Units nur noch zusätzlich erfolgen sollte *(supplementary indicators),* wurde die EU-Deadline, nach der ab dem 31.12.2009 die *supplementary indicators* ganz abzuschaffen sind, gekippt. Es ist also weiterhin zulässig, doppelt auszuzeichnen. Bedenkt man die sonstige Regulierungswut der EU, ist dies wirklich erstaunlich. In Deutschland wurde das metrische

System übrigens per kaiserlichem Dekret 1872 eingeführt, zuvor gab es bis zu sechshundert verschiedene Flächenmaße im Reichsgebiet. Die Schweiz war sogar noch schneller, 1835 einigten sich zwölf Kantone im Konkordat auf ein schweizerisches Maß- und Gewichtssystem auf Basis des Meters.

Die wichtigsten Imperial Units im immobilienwirtschaftlichen Bereich sind natürlich die *square feet.* Ein *square foot* entspricht ungefähr 0,09 Quadratmetern bzw. ein Quadratmeter circa 10,76 *square feet.* Diese Umrechnung bekommt man ja noch einigermaßen im Kopf hin, komplizierter wird es aber dadurch, dass üblicherweise Angaben zu Mietpreisen per annum gemacht werden – und nicht, wie in Deutschland üblich, in Preisen pro Quadratmeter und Monat angegeben werden. Spätestens jetzt muss man den Taschenrechner rausholen. Allerdings ist hier nun Deutschland die Ausnahme von der Regel, denn in vielen europäischen Ländern, zum Beispiel in Frankreich, in den Niederlanden, der Schweiz oder Schweden, werden Mieten auf jährlicher Basis ausgewiesen.

Aber nun zurück zu den Immobilienarten. Im nächsten Kapitel werde ich mich mit *office buildings* beschäftigen und in diesem Zusammenhang zum Schluss noch ein klassischer Stolperstein. Es geht um die Verwendung des Begriffs *house.* Während wir im Deutschen zum Beispiel von einem Bürohaus sprechen, ist dies reichlich verwirrend für einen Angelsachsen. In einem englischen Haus wohnt und schläft man, gewerblich genutzte «Häuser» bezeichnet man als *buildings.*

Bürokulturen

Weiter geht es mit dem Leben und Arbeiten im Büro. Auch hierbei laufen die Uhren in Großbritannien etwas anders als auf dem sogenannten Kontinent. Einer der auffälligsten Unterschiede liegt sicherlich in der Nettonutzfläche pro Arbeitsplatz. Der Durchschnittswert in Deutschland und der Schweiz liegt bei 20 bis 25 Quadratmetern, je nachdem, wie die Verkehrsflächen gerechnet werden. Im Londoner Westend hingegen beträgt die durchschnittliche Büroarbeitsfläche gerade einmal 10,5 Quadratmeter!

BBC News nahm 2006 eine Studie von Knight Frank zum Anlass, sich mit dem Trend zu *higher density* (höherer Dichte) zu beschäftigen, und beschrieb ihn als «the Shrinking Office Syndrom»: «The research carried out by Knight Frank shows that the amount of floor space allocated per employee is being cut by up to a third.» Dieses Phänomen liegt natürlich meist in den Mietpreisen begründet, welche Unternehmen geradezu zur Maximierung ihrer Flächeneffizienz zwingen: «The big driver for this is saving money – particularly in the places where office space is most expensive, such as London and the south east of England.» Allerdings wird auch die Frage aufgeworfen, wie weit diese Entwicklung noch gehen kann. Zitate von Mitarbeitern wie das folgende zeigen, dass der Flächeneffizienz offensichtlich «natürliche» Grenzen gesetzt sind: «I used to sit so close to my colleagues I could actually smell them. Silly as it sounds, I actually remember secretly celebrating when the guy next to me decided to buy a new pair of shoes.»

Konsequenterweise findet man in Großbritannien auch fast keine Einzelbüros mehr – und mit der Büroform ist wohl auch der Begriff dafür verschwunden. Am ehesten werden sie noch als *cellular offices* bezeichnet. Das berühmte Großraumbüro – auf Englisch *open plan office* – wird durch *partitions* unterteilt. In Nordamerika nennt man diese *cellular offices* dann *cubicles,* vielen vielleicht durch die Dilbert-Cartoons von Scott Adams bekannt. Die Effizienz von Büroflächen wird zum Beispiel in Exposés – in Englisch *sales particulars* oder *letting particulars* – durch Angaben zu den sogenannten *floorplates* beschrieben. Der Begriff *floorplate* (zusammengeschrieben, auseinandergeschrieben bedeutet er Bodenplatte, Fußbodenankerplatte) kann definiert werden als die «leere, verfügbare Geschossfläche in einem Bürogebäude ohne Trennwände etc.». So liest man zum Beispiel Beschreibungen wie «good quality office floorplates» oder «with large floorplates offering flexibility for subdivision». Das Streben nach möglichst großen *floorplates* führt nicht selten zu einem Problem, das manchmal mit «minimising outside awareness» beschrieben wird – was auf gut Deutsch einfach nur bedeutet: kaum Tageslicht!

Gehobene Böden, abgehängte Decken und dienliche Dinge

Weiter geht es mit Ausstattung und Technik von Büroimmobilien. Zunächst aber noch ein kurzer Nachtrag zum Thema Großraumbüro, genauer gesagt zu den zuvor beschriebenen *cubicles* aus «The Dilbert Principle» von Scott Adams. Im Kapitel «How to tell if your company is doomed» (Wie man herausfindet, ob die Firma, in der du arbeitest, dem Untergang geweiht ist) schreibt Adams, man solle «tödliche Faktoren» prüfen, um diese Frage beantworten zu können. Hierzu gehören *cubicles, teamwork, presentations to management, reorganisations* und *processes.* Zu *cubicles* führt er weiter aus: «If your company already has cubicles that doesn't necessarily mean it's doomed. But if the direction of the company is toward smaller cubicles or more people in each cubicle – you're doomed!» Nun, es bleibt jedem selbst überlassen, diese «Prophezeiung» zu überprüfen.

Aber jetzt zu den Ausstattungsmerkmalen: Angaben zu Bürogebäuden wie *high specification office* oder *high spec office* beschreiben Objekte mit einem hohen Qualitätsstandard in Ausbau, Ausstattung und Technik. Die Ausstattung eines Gebäudes bezeichnet man als *fit-out* oder *fittings* bzw. als *fit-out and furniture,* wenn es auch die Möbel beinhaltet. Der berühmte Doppelboden heißt im Englischen nicht *«double floor»* – Achtung Stolperstein! –, sondern *fully accessible raised floor,* wobei es sich nur dann um einen Hohlraumboden handelt, wenn man das *fully accessible* weglässt. Oft werden noch weitere Details angegeben wie etwa «with a clear void of 165 mm». Kabelkanäle, wie sie oft noch in älteren Gebäuden zu finden sind, bezeichnet man als *trunkings,* und ein Bodentank heißt ganz profan *floor box.* Dagegen versteckt man *light fittings,* also die

Beleuchtung und deren Kabel, oder auch *ducts* (Schächte) gerne in *suspended ceilings* – den abgehängten Decken. So liest man zur Ausstattung von Gebäuden Beschreibungen wie zum Beispiel «raised floor (min. 100 mm void) with floor boxes» oder «suspended ceilings with recessed modular lighting».

Building services hingegen – Achtung nächster Stolperstein! – sollte man nicht mit Dienstleistungen wie zum Beispiel den Empfang oder Ähnlichem verwechseln. Damit bezeichnet man vielmehr die technische Gebäudeausrüstung (TGA). In diesem Bereich gibt es eine Vielzahl von Abkürzungen, die selbst für Muttersprachler verwirrend sein können. Am häufigsten findet man die Abkürzungen *HVAC (heating, ventilation and air conditioning)* und *FCU (fan-coil-units systems* – Gebläsekonvektoren). Und zum Abschluss noch ein letzter Stolperstein: Den Begriff Aircondition, so englisch er auch klingen mag, gibt es im Englischen nicht. Stattdessen spricht man von *air conditioning.* Aircondition ist wie so manch anderer englisch klingender Begriff eine rein deutsche Erfindung.

Der Handel und seine Bauten

Der Handel bzw. Detailhandel ist eine der ältesten Tätigkeiten der Menschheit. Daher beschäftigt sich die Wissenschaft in den verschiedensten Disziplinen schon seit jeher intensiv mit dem Handel bzw. dem Konsumenten. Konsumentenverhalten unterliegt einem permanenten Wandel. Nachdem Einkaufen lange als eine weibliche Domäne galt, wird zunehmend der *male shopper* entdeckt, wie etwa in einem vom International Council of Shopping Centers veröffentlichten Aufsatz zu «The Lost Male Shoppers – Understanding the Department Store Shopping Patterns of Men». Auch Konsumentengruppen differenzieren sich immer weiter aus – und analog zu ihnen die verschiedenen Arten von Handelsimmobilien.

Der sogenannte Tante-Emma-Laden *(grocery store)* ist in Europa und den USA weitestgehend verschwunden, auch wenn sich der Begriff *grocery store* in den USA noch gehalten hat, dort allerdings einen Supermarkt bezeichnet. Durchgesetzt haben sich in den angelsächsischen Ländern *convenience stores* (US) bzw. *open all hours corner shop* (UK), in welchen man nach Ladenschluss noch einen Liter Milch, Brot oder Ähnliches bekommt – wobei ein *corner shop* nicht zwingend an einer Ecke liegen muss.

Angefangen beim traditionellen Kaufhaus bzw. Warenhaus hat sich eine Vielzahl von Handelsimmobilien entwickelt. Hier haben wir auch schon den ersten Stolperstein: *Warehouse* ohne weitere Spezifizierung bedeutet Lager und nicht Warenhaus. Ein Kaufhaus ist ein *department store.* Der Begriff *retail warehouse* kommt dem Begriff Fachmarkt am nächsten, während *big box stores* oder *sheds* traditionell eher einfachere Strukturen bezeichnen: «shops operating industrial type buildings offering big bulk items». Allerdings haben sich diese mehr und mehr zu Fachmärkten mit höheren Austattungsmerkmalen entwickelt. Den Klassiker unter den Fachmärkten, den Baumarkt, bezeichnet man in Großbritannien als *DIY shop,* also *Do-It-Yourself shop,* in den USA allerdings als *home improvement center.* Für Fachmarktzentren hat sich *retail park* bzw. *warehouse centre* durchgesetzt.

Bei Einkaufszentren, also *shopping centres/shopping malls* (UK/US), unterscheidet man *intown* bzw. *urban shopping centres* von *out-of-town* bzw. *suburban centres.* Auch für Nahversorgungszentren gibt es in Großbritannien und den USA unterschiedliche Ausdrücke. In den USA heißen sie *neighborhood centers,* während die Briten sie als *local shopping centres* bezeichnen. Bezüglich *shopping centres* ist natürlich der *footfall* oder die *pedestrian frequency* (Passantenfrequenz) von entscheidender Bedeutung. In diesem Zusammenhang nun der Hinweis auf einen zweiten Stolperstein. Es gibt zwar im Englischen auch den Begriff *gastronomy* und der hat auch etwas mit Essen und Trinken zu tun, wird aber nicht mit «Gastronomie» übersetzt – vor allem aber wird er nicht im Zusammenhang mit Immobilien benutzt. *Gastronomy* bezeichnet «the art or science of good eating», also die Kunst des guten Essens, mit der man schwerlich moderne Fastfoodketten in Verbindung bringen kann. *Food and beverage* kommt der deutschen Verwendung des Begriffs Gastronomie am nächsten, aber am besten ist, wenn man einfach beschreibt, was es ist: ein Restaurant, ein Café oder ein Sandwichladen.

So haust die Industrie

Auch wenn laut Statistischem Bundesamt in Deutschland inzwischen 73,8% (2014) aller Arbeitnehmer im tertiären Sektor, sprich im Dienstleistungssektor, arbeiten (Schweiz 2014: 74,3%), braucht man doch Industrieimmobilien, in denen die Güter produziert werden, die wir konsumieren. Neben *shed* findet man die Begriffe *industrial property* und *industrial building,* also ganz allgemein die Industrieimmobilie oder das Industriegebäude. Man spricht aber auch von *industrial space* oder *industrial accommodation* bzw. vom *warehouse sector,* wobei hiermit eher Lagerhallen gemeint sind. Der Markt für Industrieimmobilien ist sehr differenziert – zum einen in Hinsicht auf die Teilmärkte, zum anderen auf die Immobilienarten. Allerdings gibt es durchaus Standardmerkmale von modernen *industrial property units.* Sie sind meistens *steel portal frame constructions* (Stahlskelettkonstruktionen) mit einer *clear floor span* (freien Spannweite) und mit möglichst wenigen *columns* (Säulen). Neuere *units* haben oft eine sogenannte *high quality fenestration* (Fensteranordnung) und sind *cladded* (verkleidet), sodass sie äußerlich einem Bürogebäude ähneln. Am Eingang findet man *roller shutter doors* (Rolltüren) mit einem separaten *pedestrian entrance* (Personeneingang). Eine wichtige Anforderung an Industrieimmobilien sind *high tolerance concrete floors* (flüssigkeitsdichte Betonböden) mit einer hohen *load bearing capacity* (Tragfähigkeit).

Ganz generell spielt der Markt für Industrieimmobilien in Deutschland und in der Schweiz noch eine eher untergeordnete Rolle und wird meist gleichgesetzt mit dem Logistikimmobilienmarkt. Ein Indiz dafür ist, dass Research-Berichte zum Industrial Market Germany, wenn man sie überhaupt findet, zumeist nur den Logistikmarkt behandeln. Auch die Tatsache, dass der Anteil der

Industrieimmobilien im jährlichen UK-Index von IPD (Investment Property Databank) bei 16,1 % (2014) liegt, während er im Deutschen Immobilienindex (DIX) nur 6,4 % (2014) beträgt (Schweiz 2,0 % [2014], Österreich 0,8 % [2014]), spricht dafür, dass Industrieimmobilien im deutschsprachigen Raum sozusagen noch im Dornröschenschlaf liegen.

Logistikimmobilien

Aufgrund ihrer zunehmenden Bedeutung widme ich dieses Kapitel wie angekündigt den Logistikimmobilien. Nun ist es zuerst einmal wichtig, sich mit dem Begriff an sich zu beschäftigen. Auch wenn man mehr und mehr auch in englischen Marktberichten von *logistics properties* oder *logistics buildings* liest, ist das kein korrekter englischer Begriff – zumindest für Briten. Es kann also vorkommen, dass ein britischer Geschäftspartner – im Gegensatz zu einem amerikanischen – sich darunter nicht wirklich etwas vorstellen kann, denn er verbindet mit *logistics* eher den Vorgang an sich, die Organisation von Prozessen, als die Immobilie. Eine Logistikimmobilie im Sinne einer Immobilie zur Warenverteilung bezeichnet man als *distribution warehouse* oder *distribution property.* Allerdings werden zum Teil auch *warehouses* (Lagerhallen), *transhipment warehouses* (Umschlaghallen) oder auch *high-bay warehouses* (Hochregallager) als Logistikimmobilien definiert.

Die berühmte «Lage, Lage, Lage», also der Standortfaktor, ist bei Logistikimmobilien noch wichtiger als bei anderen Immobilientypen, wenn nicht sogar der entscheidende Erfolgsfaktor. Grundsätzlich ist nicht nur die Nähe von Autobahnen von Bedeutung, sondern «quick accessibility by as many modes of transport as possible» (schnelle Erreichbarkeit mit möglichst unterschiedlichen Verkehrsmitteln). Die Nähe zur Autobahn wird im britischen Englisch oft mit der Nummer der Ausfahrt beschrieben; man liest zum Beispiel Beschreibungen wie «direct access to Junction 5 of the M3». Aus räumlicher Sicht überwiegen zwei Standorttypen: «small goods depots in close proximity to conurbations» (kleinere Warendepots in der Nähe von Ballungszentren) und «large distribution centres in decentralised locations» (große Logistikzentren abseits der großen Ballungszentren).

Aus Sicht von Projektentwicklern und Investoren ist natürlich neben dem Standort die Flexibilität einer Logistikimmobilie von großer Bedeutung, und hier gilt es, bestimmte Mindestanforderungen zu erfüllen. Eine entscheidende Rolle spielen Gebäudekriterien wie *single storey warehouse space* (eingeschossige Hallenflächen), *building eaves hight* (Gebäudehöhe zur Unterkante des Binders), *floor load bearing capacity* (Bodentragfähigkeit), *column grid* (Stützenraster) oder die Anzahl der *loading gates* oder *loading docks* (Rampentore). Aber auch die *marshalling area* oder der *service yard* (Rangierfläche) sollten ausreichend sein für *truck and trailer turning*. Ferner werden gegenüberliegende Andienungszonen bei *staging areas* oder *handling areas* (Umschlagflächen) für sogenanntes *cross-docking* immer wichtiger. Hier entfällt das *picking* (Kommissionierung) aus den *pallet racks* (Lagerregalen), und die Ware wird ohne Lagerung weiterverteilt.

Nun noch einen Hinweis auf einen Begriff, über den man im Zusammenhang mit Logistikimmobilien hin und wieder stolpert: *e-fulfilment facility* (US *e-fulfillment facility*). Nun, laut dem Oxford English Dictionary ist *fulfilment* «the act of achieving something desired or promised». Wer oder was wird nun in einer *e-fulfilment facility* erfüllt? Entstanden ist der Begriff *e-fulfilment* im *e-commerce* und bezeichnet die vollständige Auftragsabwicklung, von der Bestellung via Internet über Bezahlung, Lagerung und Transport bis hin zur Auslieferung der Ware. Inzwischen aber findet man den Begriff *fulfilment* des Öfteren losgelöst von seinem «e» und zum Teil auch von seiner Bedeutung, denn er wird mehr und mehr benutzt, um Logistikdienstleistungen im Allgemeinen oder in manchen Fällen auch nur Auslieferungen zu bezeichnen. Und da wir gerade beim Stolpern sind, zum Abschluss noch ein letzter Stolperstein: Im Deutschen spricht man vom öffentlichen Verkehr und seinem Gegenstück, dem Individualverkehr. Die Briten hingegen sprechen von *public* versus *private transport*.

Von Herbergen, Sammlungen und einem belgischen Kurort

Hotels haben im wahrsten Sinne des Wortes eine biblische Tradition – und repräsentieren mit der Luxusherberge auf der einen und den verschiedenen Formen von Budget-Hotels auf der anderen Seite eine weit gefächerte Branche. Da verwundert es nicht, dass gerade diese Branche einige der schillerndsten Persönlichkeiten hervorgebracht hat. Hier nun schon ein Hinweis auf einen Stolperstein – denn eine Branche bezeichnet man im Englischen als *industry,* auch wenn sich dies für deutsche Ohren nach Produktion anhört. *Branch* hingegen bezeichnet eine Niederlassung oder Filiale einer Firma. Aber zurück zur Hotelbranche, im Englischen also *hotel industry, lodging industry* oder *hospitality industry.* Die Hotelbranche hat uns Phänomene beschert wie Paris Hilton, aber auch Charaktere wie Sir Rocco Forte, der von der Presse gerne als einer der innovativsten Hoteliers bezeichnet wird. Beachtenswert ist als Erstes schon mal der Name seines Unternehmens – the Rocco Forte Collection. Nun, manche Menschen sammeln Modelleisenbahnen, andere Hotels. Die Idee hinter der «Sammlung» ist relativ einfach: «to create a luxury hotel group covering major European city centres». Zu seiner Sammlung gehören auch einige Häuser in Deutschland, die Villa Kennedy in Frankfurt, das Hotel de Rome in Berlin und das Charles in München – und dies, obwohl er über die Deutschen sagt: «Germans don't like to spend money.» Im gleichen Atemzug sagt er aber auch: «Our hotels are quite small in comparison to other luxury (brand) hotels that have over 300 to 500 rooms. So they are not difficult to fill.»

Nun kommen wir aber zu einem der wesentlichsten Aspekte von Hotels – der Auslastung. Für eine gute Auslastung sorgt in der Regel der *operator* oder *proprietor* (Betreiber). Eine der wichtigsten Kennzahlen für die Auslastung ist der *revenue per available room (RevPAR),* also der Ertrag pro verfügbarem Zimmer. Natürlich ist für den Betreiber – wie für den Investor – nicht nur der *RevPAR* entscheidend, sondern auch die Art des *ground lease* (Pachtvertrags) bzw. die Frage, inwieweit dieser an den *turnover* (Umsatz), zum Beispiel über einen *percentage rent lease* (Umsatzmietvertrag), gekoppelt ist oder ob ein *management contract* (Managementvertrag) abgeschlossen wurde.

Da Hotels aber auch einen großen Teil ihres Umsatzes in anderen Dienstleistungen als der Zimmervermietung machen, werden Kennzahlen wie *gross operating profit per available room (GOPPAR)* immer bedeutender. Diese Kennzahl beinhaltet auch Umsätze aus Bereichen wie *food and beverage* (Gastronomie), *conference and meeting* (Konferenzen) oder der berühmten *wellness.* Wellness – ein Klassiker unter den Stolpersteinen – ist keine Erfindung der deutschen Werbeindustrie wie zum Beispiel das Handy, denn der Begriff wird zum Teil in den USA gebraucht, ist aber für Briten völlig unverständlich. Die Briten verwenden den Begriff *spa,* abgeleitet vom belgischen Ort Spa, der einmal berühmter für seine Quellen als für seine Formel-1-Rennstrecke war.

MINIMISING OUTSIDE AWARENESS

My home is my castle – my investment

In diesem Kapitel beschäftigen wir uns mit Wohnimmobilien, also *residential housing, residential properties* oder auch manchmal *dwellings* genannt. Der größte Unterschied zwischen dem deutschsprachigen Raum und den angelsächsischen Ländern bei Wohnimmobilien liegt sicherlich in der *home ownership rate* (oder *home-ownership rate*) oder *owner-occupation rate* – der Eigentumsquote bei Wohnraum. Diese betrug in Deutschland laut Statistischem Bundesamt im Jahr 2013 43%. Auch wenn sie seit Jahren steigt (Deutschland 2006: 41,6%, Schweiz 2000: 34,6%), liegt sie dennoch deutlich unter der Eigentumsquote in den USA. Diese lag im letzten Quartal 2014 bei 63,9% – laut «Wallstreet Journal» ein *20-year low.* Auf diesem Stand war die *home ownership rate* in den USA zuletzt im letzten Quartal 1994 – ein für das «Wallstreet Journal» nicht nur diskussionswürdiger Rückgang. Da die Eigentumsquote in den USA aber seit 1960 bei über 60% liegt (2004 sogar bei 69,2%), ist dies durchaus verständlich. In Großbritannien betrug die Quote von der Jahrtausendwende bis 2006 circa 70%. Sie fiel zwar inzwischen laut *English housing survey* für 2012/13 auf 65,2% – laut «The Guardian» sogar «to the lowest level in 25 years», liegt aber damit immer noch viel höher als in Deutschland. Niedriger ist sie mit circa 37,2% im Jahr 2012 nur noch in der Schweiz. Interessanterweise liegt die Eigentumsquote in den südeuropäischen Ländern noch höher als in Großbritannien und den USA: Italien, Griechenland und Spanien verzeichnen Quoten von über 73%.

Aber wie lassen sich diese Unterschiede erklären? Meistens werden hier kulturelle Unterschiede in Bezug auf Einstellungen zu Wohneigentum angeführt. Besonders den Angelsachsen wird geradezu «an obsession with owning your own home» zugeschrieben, welche dann gerne mit dem sprichwörtlichen «my home is my castle» auf den Punkt gebracht wird. Aber das Verhältnis der Briten zu Wohneigentum kann man auch mit «my home is my investment» umschreiben, denn man spricht von der *property ladder,* auf die man als *first-time buyer* gerne einen Fuß bekommen möchte. Während man in Deutschland und der Schweiz ein Haus kauft, um möglichst für den Rest seines Lebens darin zu wohnen, sind britische Hauseigentümer «keen to upgrade their main residence if their income increases» – und wollen natürlich mit dem Verkauf des vorherigen Hauses einen Gewinn erzielen, um somit Stufe um Stufe die *property ladder* zu erklimmen. Interessanterweise ist diese Entwicklung bzw. die hohe Eigentumsquote der Briten, gerade im Vergleich zu den USA, aber eine eher neuere Entwicklung, denn sie wurde sozusagen durch die Einführung des sogenannten *right-to-buy scheme* der Thatcher-Regierung in den achtziger Jahren eingeläutet. Hier wurde zum ersten Mal Mietern von *council houses* (sozialer Wohnungsbau) die Möglichkeit eingeräumt, ihre Wohnungen teilweise zu erwerben – bei gleichzeitiger Verschärfung des Mietrechts.

Wie im deutschsprachigen Raum findet man natürlich auch in Großbritannien eine vergleichbare Vielfalt an Wohnimmobilien. Bei Einfamilienhäusern reicht sie vom *detached house* (eigentlich freistehendes Haus – wird aber im Grunde für Einfamilienhaus gebraucht) über das *semi-detached house* (Doppelhaushälfte) bis zum Reihenhaus *(terraced house* in Großbritannien, aber *row house* oder *townhouse* in den USA). Wohnungen bezeichnet man in Großbritannien als *flats,* während die Amerikaner den Begriff *apartment* verwenden. Für Mehrfamilienhäuser ist in Großbritannien eher der Begriff *block of flat* üblich, in den USA *apartment building.* Die Eigentumswohnung (CH Stockwerkeigentum) aber ist in Großbritannien nicht sehr verbreitet – gemäß «my home is my castle» –, weshalb meist der amerikanische Begriff *condominium* oder kurz *condo* verwendet wird.

Von Prinzen, Fröschen und Häusern

Auch dieses Kapitel handelt wieder von Wohnimmobilien, allerdings sozusagen auf royaler Ebene. Prince Charles oder genauer gesagt His Royal Highness the Prince of Wales beschäftigt sich schon seit geraumer Zeit mit Architektur. Dies hat 1989 zur Gründung des Urban Village Forum geführt, das von Zeit zu Zeit vierhundert Repräsentanten aus Wohnungsbau, Stadtplanung, Architektur und Projektentwicklung versammelt, um Wege zur nachhaltigen Entwicklung zu diskutieren. Das Forum prägte den Begriff «Urban Village», der sich wie folgt definiert: «An urban village is a mixed-use (Achtung Stolperstein: *mixed-use,* nicht *«mixed-used»*), mixed-ownership urban development based on public-private sector co-operation and covering about 2000 acres (1 acre = 0,404 ha).»

Und weil Prinzen so etwas können, baute Prince Charles sich eine Stadt. Der erste Planungsabschnitt von Poundbury, eine auf dem Reißbrett entstandene Erweiterung der historischen Stadt Dorchester, wurde 1998 fertiggestellt. 35 der fertiggestellten Wohnimmobilien waren Mietobjekte, weitere 26 werden eigengenutzt. Alle Objekte haben einen hohen baulichen Standard und sind «well-insulated (gut isolierte) and energy-saving constructions», nicht unbedingt der Standard in Großbritannien. Aber nicht nur Wohnraum sollte geschaffen werden, sondern auch Jobs – eine Schokoladenfabrik und eine Softwarefirma «are all within a short walking distance». Nun, auch wenn namhafte Projektentwickler an dem Projekt beteiligt waren, konnte es nicht ohne Unterstützungen von Prince Charles realisiert werden. Man baute nämlich auf «the Prince's own land», ein Privileg, welches leider den meisten von uns nicht vergönnt ist.

Aber auch für Prinzen läuft nicht immer alles wie geplant. Die zweite von Prince Charles entwickelte Stadt, St. Austell, auch liebevoll Charlietown 2 genannt, wird von randalierenden Jugendlichen heimgesucht: «The urban village St. Austell has become home to drunk teenagers and local gangs.» Tagsüber noch ähnlich idyllisch wie Poundbury, verwandeln sich die Spielplätze und Parks in St. Austell abends und an den Wochenenden in Treffpunkte für Jugendliche zum Feiern, Trinken und zu sogenanntem *petty vandalism* – Bagatellvandalismus. Es sind keine anderen Probleme als in vielen anderen Teilen Großbritanniens, allerdings hatten die Bewohner, als sie nach St. Austell zogen, gedacht, hier sei alles ganz anders!

Zum Glück lässt sich der Prinz in seinem sozialen und ökologischen Engagement nicht entmutigen, und er hat uns 2009 mit einem Video mit dem Titel «The Prince's Rainforests Project Awareness Campaign Video» überrascht, Teil einer Internetkampagne zur Rettung des Regenwaldes, und dies erstaunlich humorvoll. Das Video zeigt Prince Charles auf einem Sofa – mit einem grasgrünen Frosch. Der Frosch kommt natürlich aus dem Regenwald und gehört zu einer bedrohten Spezies. Prince Charles und der Frosch bleiben allerdings nicht alleine. Im Video treten noch allerlei Berühmtheiten auf: William und Harry natürlich, Daniel Craig, Pelé, Harrison Ford und Robin Williams. Sogar der Dalai Lama ist zu sehen, und immer dabei natürlich – der Frosch. Am Ende des Videos kommt es noch zu einer außergewöhnlichen Begegnung. Den Abschluss macht nämlich eine ganz besondere Berühmtheit: Kermit the Frog!

Grün, grüner, am grünsten

Green und *sustainable* (nachhaltige) Gebäude liegen voll im Trend – es vergeht kaum ein Tag, an dem man nichts zu *green buildings* oder *sustainable buildings* in der Presse liest. Aber wie ist das eigentlich mit den Begriffen *green* und *sustainable?* Bedeuten sie denn dasselbe? Auch wenn die Begriffe meist synonym verwendet werden, werden sie von einigen Institutionen verschieden definiert. Laut Ansicht des Oxford Institute of Sustainable Development ist «due to cultural differences» der Begriff *green* eher in «North America and Australasia» gebräuchlich, während der Begriff *sustainability* eher in Europa verwendet wird. Andere Institutionen wie zum Beispiel die Royal Institution of Chartered Surveyors (RICS) verbinden mit *sustainability* neben grünen Zielen auch noch soziale Ziele. Eines der bekanntesten grünen Projekte dürfte wohl die Sanierung der Zentrale der Deutschen Bank in Frankfurt sein, nach eigenen Angaben die größte Gebäudesanierung Europas. Die Greentowers strebten eine Reduzierung des Energieverbrauchs sowie des CO_2-Ausstoßes um mindestens 50 % und die sogenannte LEED-Zertifizierung in Platin an. Erreicht wurde durch die Großsanierung eine Reduktion des Energiebedarfs um 55 % und nicht nur eine Zertifizierung nach LEED (Platin), sondern auch nach DGNB (Gold).

Aber was bedeutet eigentlich LEED? LEED steht für Leadership in Energy and Environmental Design und wird vom US Green Building Council vergeben (USGBC). Eine Zertifizierung «provides an independent, third-party verification that a building project meets the highest green building and performance measures». Laut USGBC-Website (www.usgbc.org) sind «LEED-certified buildings designed: to lower operating costs and increase asset value, to reduce waste sent to landfills (Deponien), to conserve energy and water, to be healthier and safer for occupants (Nutzer), to reduce harmful greenhouse gas emissions, to demonstrate an owner's commitment to environmental stewardship (Verantwortung für die Umwelt) and social responsibility, to qualify for tax rebates (Steuerrückzahlungen), zoning allowances (planungsrechtliche Bewilligungen) and other incentives» – alles natürlich hehre Ziele, aber der letzte Punkt zeigt, dass es ohne steuerliche oder andere Anreize dann doch nicht geht. Das britische Gegenstück zur LEED-Zertifizierung ist der BREEAM-Standard. BREEAM steht für Building Research Establishment Environmental Assessment Method (www.breeam.org). Das britische Bewertungssystem BREEAM ist das weltweit am meisten angewandte Programm zur Zertifizierung. Es zeigt die umweltrelevante Gesamtleistung eines Gebäudes und zertifiziert so ziemlich alles, vom bescheidenen Eigenheim über Gerichtsgebäude bis zum Opernhaus. Der Green Building Council of Australia (GBCA) (www.gbca.org.au) und der New Zealand Green Building Council (NZGBC) (www.nzgbc.org.nz) vergeben den Green Star: «a comprehensive, national, voluntary environmental rating system that evaluates the environmental design and construction of buildings», und veranstalten Konferenzen und Symposien zum Beispiel zu Themen wie: «Does Germany have the greenest buildings? Join us, when delegates from the GBCA's recent mission to Germany will share the insights and ideas they gained from some of Europe's leading green builders.» Grün, grüner, am grünsten *made in Germany* auf dem Weg nach *«downunder»?*

Let, lease oder rent?

Häufig gibt es für einen einzigen deutschen Begriff mehrere englische Begriffe, so zum Beispiel *to let, to lease* oder *to rent* für das Verb «mieten». Aber welcher Begriff ist denn nun richtig? Eigentlich alle, denn zuerst kommt es auf die Nationalität des Sprechers an. Amerikaner und Australier verwenden meist den Begriff *to lease.* So bedeutet beispielsweise «to lease up a property»: «to fill a building with new tenants». Oder man liest in Marktberichten Beschreibungen wie zum Beispiel: «leasing activity remains low». Wird allerdings nur der Ausdruck *lease* verwendet, so ist damit der Mietvertrag gemeint, denn *a lease* wird als Kurzform von *lease contract* oder *lease agreement* verwendet und dies, notabene, in Großbritannien, Nordamerika und Australien.

Für das Verb «mieten» aber verwendet man in Großbritannien *to let* oder *to rent,* wobei *to let* den Vorgang des Vermietens beschreibt, während man mit *to rent* das Mieten oder Anmieten meint. Für Miete wiederum im Sinne von Mietertrag wird der Begriff *rent* verwendet oder Kombinationen wie *rental income* (Mieteinnahmen), *rental growth* (Mietzuwachs), *rental value* (Mietwert) oder *rental increase* (Mieterhöhung).

Headline rent bezeichnet die Vertrags- bzw. Nominalmiete – und hier kommen wir auch schon zu einem Stolperstein. Es gibt zwar den Begriff *nominal rent* im Englischen, aber damit wird eine sogenannte *peppercorn rent* bezeichnet: «A peppercorn is a very small payment, a nominal consideration, used to satisfy the requirements for the creation of a legal contract.» Auf gut Deutsch also eine symbolische Miete. *Effective rent* hingegen (oder US *effective lease rate)* bezeichnet «the true rent payable by a tenant after taking into account allowance made by the landlord e. g. rent free periods, etc.» und entspricht damit der Definition von Effektivmiete.

In Exposés findet man allerdings häufig die Begriffe *passing rent* oder *rent passing.* Hierunter wird die derzeitige Miete verstanden: «the current rent paid to the landlord by the tenant who holds the property». Auch den Begriff *rack rent* findet man des Öfteren in Exposés. In diesem Zusammenhang hat *rack* aber nichts mit dem Regal zu tun, sondern *rack rent* wird als Synonym von Marktmiete gebraucht: «the best market rent obtainable for a property». Ein *rack-rented property* ist somit ein zur Marktmiete vermietetes Objekt; ist das Objekt über Marktniveau vermietet, bezeichnet man es als *over-rented,* ist das Gegenteil der Fall, als *under-rented.* Leider erzielt auch nicht jedes Objekt *prime rents* – denn die bekommt man nur für *Grade A properties* in *prime locations* –, sondern manchmal eben auch *secondary rents.*

Von Sachorientierung, Schleifchen und Small Talk

«You can say you to me!» Ob dieses Angebot ursprünglich von Helmut Kohl an Ronald Reagan gerichtet war oder von Heinrich Lübke an die Queen, ist im Reich der Legenden verschwunden – aber es beschreibt sehr schön die Problematik der englischsprachigen Höflichkeitsform. In Sprachen, in denen es eine grammatikalische Form gibt, mit der man ausdrücken kann, auf welcher Sprachebene man sich bewegt, ist der Fall meist sehr eindeutig. Das Englische aber kennt diese Möglichkeit leider nicht. Das heißt nun aber nicht, dass man sich immer auf der gleichen Sprachebene befindet – auch wenn man in der angelsächsischen Geschäftswelt bekanntlich schnell beim Vornamen ist. Das Gefährliche dabei ist, dass dies leicht zu der Annahme führt, dass es in der angelsächsischen Geschäftswelt viel lockerer zugeht als in der deutschen. Dem ist aber nicht so, denn obwohl man einen Engländer oder Amerikaner schnell beim Vornamen nennt, heißt das noch lange nicht, dass man schon mal zusammen in der Kneipe einen trinken war.

Es gibt also durchaus ein «Siezen» im Englischen – selbst wenn man sich mit Vornamen anredet. Doch das Siezen geht etwas subtiler vonstatten. Es macht sich sozusagen an der Anzahl an Höflichkeitsfloskeln, die ausgetauscht werden, fest. Beispiele hierfür sind: «Nice to meet you!» oder «It's a pleasure to see you again», aber auch Fragen wie «Did you get here all right?» oder «Did you have a safe trip?». Mit anderen Worten – der berühmte *small talk* spielt im Englischen eine ganz andere Rolle als im Deutschen. Insbesondere in Deutschland hält man Small Talk in der Regel eher für Zeitverschwendung, aber im Englischen «markiert» er sozusagen die Sprachebene. Das macht die Sache nicht ganz einfach.

Im Deutschen ist die Sache wie gesagt glasklar. Spricht man sich mit Herr/Frau bzw. «Sie» und der entsprechenden grammatischen Form an, weiß jeder, auf welcher Sprachebene man sich befindet. Im Englischen dagegen besteht die Kunst darin, genau zuzuhören und anhand der benutzten Höflichkeitsfloskeln die Sprachebene zu erkennen. Das erfordert natürlich mehr Aufmerksamkeit, allerdings hat es auch Vorteile. Während im deutschsprachigen Raum der Übergang vom «Sie» zum «Du» mit mehr oder weniger rituellen Handlungen verbunden ist – zumindest aber muss eine Seite aktiv die Initiative ergreifen –, ist es im Englischen eher ein Prozess: Man kann Schritt für Schritt die Floskeln weglassen nach dem Motto: je direkter die Kommunikation, desto informeller.

Nun gibt es aber in der internationalen Geschäftswelt ein Problem. Es wird nämlich angenommen, dass «over 80% of interactions in English as a foreign language worldwide are now estimated to be between non-native speakers». Das bedeutet also, dass in den meisten Fällen Englisch nicht zwischen Deutschen, Franzosen oder Spaniern einerseits und Angelsachsen andererseits gesprochen wird, sondern zum Beispiel zwischen einem Deutschen und einem Schweden oder einem Franzosen und einem Polen. Was dann? In diesen Situationen vergessen Sie einfach die vorherigen Ausführungen und konzentrieren Sie sich darauf, effektiv zu kommunizieren!

Das Treffen der richtigen Sprachebene ist knifflig – es gibt aber noch weitere kommunikative Unterschiede – insbesondere im Kommunikationsstil von Deutschen und Briten, aber natürlich nicht nur zwischen diesen beiden Kulturen. Ein Beispiel: Eine Studie untersuchte, nach wie vielen Minuten im Durchschnitt in verschiedenen europäischen Ländern in einer Sitzung mit der Tagesordnung begonnen wird.

In Deutschland – und mit Sicherheit auch in der Schweiz – geht das in der Regel recht schnell. Zwei bis drei Minuten nach Beginn der Sitzung, wenn sich jeder einen Kaffee genommen und gesetzt hat, heißt es schon «Top 1». In England hingegen dauert es meist schon etwas länger, etwa fünfzehn Minuten. Man spricht zum Beispiel erst mal darüber, wie voll die U-Bahn war, oder übers Wetter: Nein, das ist kein Klischee, denn zum einen gibt es in England über das Wetter meist etwas zu sagen und zum anderen ist das Thema «neutral territory», sprich man vermeidet Fettnäpfchen. Wenn man sich nicht gut kennt, sollte man zu Anfang beim allgemeinen Small Talk bleiben und zum Beispiel politische Themen vermeiden. In Frankreich dauert die Plauderei oft zwischen zwanzig bis fünfundzwanzig Minuten – hier wird gerne erst über Kunst und Kultur oder den neusten Film geplaudert. In Spanien sind es sogar circa dreißig Minuten. Hier wird erst mal gewartet, bis alle da sind, in der Zwischenzeit fragt man, wie es der Familie so geht, oder plaudert auch über Kunst und Kultur. Die Zahlen sind, da sie Durschnittwerte darstellen, natürlich nur Anhaltspunkte.

Weiterhin beeinflusst natürlich auch die individuelle Firmenkultur bzw. die internationale Ausrichtung eines Unternehmens die Kommunikationskultur, aber die Beispiele zeigen, dass es schon in Europa große Unterschiede in der Art der Kommunikation bzw. der Rolle des Small Talks gibt. Aber woher kommen diese Unterschiede? Darüber könnte man natürlich ganze Doktorarbeiten schreiben bzw. wurden oder werden geschrieben, aber in diesem Rahmen werde ich mich nur auf einige Aspekte beschränken. Neben vielen Kulturtypen bzw. -dimensionen werden Kulturen in sachorientierte und ergebnisorientierte Kulturen unterschieden. Auch wenn es innerhalb Deutschlands natürlich regionale Unterschiede gibt, ist die deutsche Kultur von der Tendenz her eine sachorientierte Kultur (wie übrigens auch die amerikanische). Ganz anders sieht das schon in Südeuropa oder gar in Asien aus. In der Geschäftswelt bedeutet das, dass man, bevor man Geschäfte miteinander macht, erst mal eine Beziehung zueinander aufbaut. Damit bekommt das «Drumherum», die Schleifchen sozusagen wie zum

Beispiel der Small Talk, einen ganz anderen Stellenwert: Es dient nämlich dazu, eine Beziehung aufzubauen bzw. eine gute Atmosphäre zu schaffen.

Die Briten sind mit Sicherheit sachorientierter als die Südeuropäer, aber auch nicht so sachbezogen wie die Deutschen und Amerikaner – und dies hat Auswirkungen auf den Kommunikationsstil. Grundsätzlich wird in zwei Kommunikationsstile unterschieden – direkte und indirekte Kommunikation.

Die Deutschen – und an dieser Stelle im Gegensatz zu den Schweizern, auch wenn wir ansonsten viel gemeinsam haben – gelten im Allgemeinen als sehr direkt in ihrer Kommunikation. Es werden in der Regel klare Anweisungen gegeben und es wird direkt kritisiert, denn schließlich geht es ja um die Sache und nicht um die Person. Das spiegelt sich auch in Redewendungen wider wie zum Beispiel «Jetzt mal Butter bei die Fische». Zugegeben, für die meisten Redewendungen gibt es immer auch das entsprechende Gegenstück, aber nicht jede Redewendung ist gleichermaßen gebräuchlich. Außerdem schätzt man in Deutschland meist ein klares Nein – denn dann weiß man wenigstens, woran man ist. Die Briten hingegen sind Meister der indirekten Kommunikation – Kritik wird auf keinen Fall direkt geäußert und auf ein klares Nein wartet man meist vergeblich. Um ein britisches Nein zu erkennen, muss man auf das «but» achten, denn ein britisches Nein wird selten direkt ausgesprochen, sondern verpackt in Sätze wie «That's a very good idea, but have you considered …» oder «I really like your suggestion, but we should keep in mind to …» oder auch «I agree up to a point, but …». Ein solches Nein ist für Nichtangelsachsen nicht immer leicht herauszuhören und hat schon zu dem einen oder anderen geschäftsschädigenden Missverständnis geführt.

Kritik wird sehr oft sogar «verklausuliert» geäußert – was nicht selten zu Verwirrung bei Nichtmuttersprachlern führt –, denn man konzentriert sich ja erst einmal auf den Wortsinn. Seit einigen Jahren kursiert im Internet eine Übersetzungstabelle mit dem Titel «What the British say, what the British mean, what others understand». Nachdem die Tabelle ein Internethit wurde, griff sogar die britische Presse das Thema auf. Im September 2013 kommentierte «The Telegraph» sie in einem Artikel mit den Worten: «The table sheds light on how difficult it can be for a foreigner to understand what the British really mean when they speak – especially for those who take every word at face value.» Wenn ein Brite «I hear what you say» sagt, heißt dies laut Tabelle schlichtweg: «I disagree and I don't want to discuss it further.» Als Nichtmuttersprachler hingegen denkt man wohl eher: «He accepts my point of view.» Oder aber Ihr britischer Chef sagt zu Ihnen: «I only have a few minor comments», und Sie gehen freudig aus dem Büro und denken: «Na ja, der hat vielleicht ein paar kleine Typos gefunden.» Weit gefehlt – denn eigentlich meint er: «Please re-write completely.»

Natürlich ist die Tabelle nicht ganz ernst gemeint. Trotzdem macht sie aber bewusst, welche Fallstricke es doch in der Kommunikation geben kann – besonders in der englischen Sprache, deren wir uns zum Teil ja wie selbstverständlich bedienen.

Hierzu zum Schluss noch ein immer wieder aktuelles Beispiel: Seien Sie vorsichtig, wenn Sie demnächst zu Ihrem britischen Geschäftspartner sagen, Sie gehen heute Abend zu einem Public Viewing – das bedeutet im Englischen nämlich: Sie gehen zu einer Leichenschau!

sinking funds
reserve funds

English for Expo

Mit der Expo Real ist es wie mit Weihnachten. Sie kommt irgendwie immer so plötzlich! Und nicht nur das, auch die internationalen Besucher der Messe werden jedes Jahr zahlreicher. Deshalb habe ich beschlossen, sozusagen als kleine Hilfestellung ein Kapitel dem Thema «English for Expo» zu widmen. Aber beginnen wir doch erst einmal mit dem Begriff Messe im Allgemeinen: Eine Messe heißt im Englischen *trade fair* – und man sollte unbedingt auf das *trade* vor der *fair* achten, denn mit *fair* oder *fairground* verbindet ein Anglesachse eher die Wiesn oder eine Kerb, wie man in Hessen sagt, in jedem Fall etwas mit Karussell und Bierzelt. Ein Straßenschild, auf dem *trade fair* steht und das einen in einer englischen Stadt zur Messe führt, sucht man jedoch vergeblich. Denn *trade fair* bezeichnet eher die Veranstaltung an sich als das Gelände. Ein vergleichbares Gelände heißt in Großbritannien *conference and exhibition centre.*

Nun sind wir also auf der Messe angelangt, und es stellt sich als Erstes die Frage: Wie fängt man eigentlich am besten ein Gespräch auf Englisch an? Hier ein paar Tipps. Gute Aufhänger sind Sätze wie: «So, is this your first time at the Expo Real?» oder «Does your company have a stand or are you just visiting?». Auch «So, what company are you with?» oder «Hi, I'm Mark Townsend, I was wondering if I could speak to someone about ...» sind gute Einstiege, um ein Gespräch zu beginnen.

Wenn man diese erste Hürde genommen hat, beginnt man die Vorstellungsrunde zum Beispiel mit: «I'm Martin Edwards by the way» oder «Do you know/Have you met Alan, he's from our Hamburg office» bzw. «Have you met my colleague Peter?». Kennt man sich aber schon vom Telefon oder über E-Mail, ist der Satz «It's nice to put a face to a name!» ein guter Eisbrecher.

Und dann ist da natürlich noch die Sache mit den Vornamen. Auch wenn im angelsächsischen Sprachraum sehr schnell zum Gebrauch des Vornamens übergegangen wird – siehe auch «Von Sachorientierung, Schleifchen und Small Talk» (Seite 42ff.) –, ist es doch besser, erst einmal Zurückhaltung walten zu lassen. Am besten achtet man darauf, wie man angesprochen wird oder aber wie der Geschäftspartner sich vorstellt. Benutzt dieser den Vornamen, sollte man es ihm gleichtun. Unterlässt man dies und redet den Geschäftspartner weiterhin mit dem Familiennamen an, wird dies nicht als höflich, sondern als steif empfunden.

Nachdem man all diese Hürden überwunden und erfolgreich ein Gespräch begonnen hat, stellt sich schon eine neue Schwierigkeit. Wie jedes Jahr sind auf der Expo Real die Termine dicht gedrängt und eigentlich müsste man schon wieder weg. Aber wie beende ich nun das Gespräch höflich, um rechtzeitig zum nächsten Termin zu kommen? Hier dienen einleitende Worte wie «listen» oder «anyway» als Signalworte, sozusagen zur Gesprächsbeendigung. Sätze wie «Listen, Andrew, it was good to meet you, I have an appointment in a couple of minutes, so I really should get going» oder «Anyway, Sue. It was nice talking to you. Let me give you my card/ Do you have a card?» helfen, höflich zur Verabschiedung überzugehen: rechtzeitig zum nächsten Termin mit einem internationalen Geschäftspartner.

Nach der Expo – ist vor der Expo!

Die Expo Real hat noch mehr mit Weihnachten gemeinsam: Meist hat man zu viel gegessen (auf der Expo Real vielleicht auch zu viel getrunken) und auf jeden Fall zu wenig geschlafen. Vor allem aber hat man Geschenke bekommen, sprich viele gute Gespräche mit internationalen Interessenten und Kunden geführt und eifrig Visitenkarten gesammelt.

Glücklich wieder zuhause angekommen, heißt es nun, etwas damit anzufangen. Vor dem Stapel Visitenkarten stellt sich jetzt das Problem: Wie verfolgt man die erfolgreich geknüpften Kontakte weiter?

Gute Einstiegssätze für formelle Follow-up-Mails sind zum Beispiel: «I just wanted to say it was a pleasure to meet you at the Expo Real. I enjoyed hearing about your company and the work that you do» oder «You mentioned that your company works in Germany/would be interested in working in Germany».

Sucht man einen bestimmten Ansprechpartner für ein Projekt oder ein Objekt, helfen Sätze wie «Perhaps you could put me in touch with the person responsible for acquisitions/lettings/marketing» beziehungsweise «I would be very grateful if you could put me in touch with someone in your sales/lettings/property management department».

Hat man versprochen, Informationsmaterial oder Ähnliches zu schicken, dienen einleitende Formulierungen wie «I just wanted to ask/mention/send» oder «Please find attached the information we discussed at the Expo» als Einstieg.

Möchte man sich ganz generell für den Besuch am Stand bedanken, beginnt man zum Beispiel mit «Thank you for visiting us at our stand. I hope you had a successful visit and a safe journey home», um den Kontakt zu vertiefen. Möchte man allerdings eine Geschäftsbeziehung anbahnen, helfen Formulierungen wie «I would like to discuss ways we might work together if you could set aside a few minutes to talk with me» oder «Please call me on +49 69 432 595 or email me at name@mail.de if I can be of assistance in the matter outlined above».

Auch in E-Mails stellt sich nun wieder das Problem mit den Vornamen. Auch hier der Tipp: Darauf achten, wie man sich im Gespräch auf der Expo Real angesprochen hat. Wurde der Vorname benutzt, sollte man diesen auch in der E-Mail benutzen. Mit der Anrede «Dear Mr. Townsend» oder «Dear John» ist man fast immer auf der sicheren Seite, während man «Hello Peter» erst benutzen sollte, wenn mehr als ein Erstgespräch auf der Expo Real geführt wurde. Entsprechend verhält es sich mit den Grußformeln. Hier ist man mit «Regards» oder «Kind regards» auf der sicheren Seite. «Best regards» dagegen ist schon ein bisschen persönlicher. Aber Sprache ist lebendig, entwickelt sich ständig weiter und wird von vielen Faktoren beeinflusst, weshalb keine dieser Regeln in Stein gemeißelt ist.

Hoffentlich helfen diese Tipps zur Anbahnung vielversprechender Geschäfte und führen nach erfolgreichem Geschäftsabschluss dazu, dass man sich nächstes Jahr auf der Expo wiedersieht: Denn nach der Expo ist vor der Expo!

Bachelor, Master, Diploma und Surveyor

Durch die Diskussion um die Umstellung auf Bachelor- und Masterabschlüsse an Universitäten und Hochschulen ist der Bachelor in aller Munde – trotzdem ist die Verunsicherung darüber groß, was sich eigentlich dahinter verbirgt. Aus diesem Grunde widme ich mich in diesem Kapitel dem Thema Bachelor und seinem Ursprung.

Beginnen wir also mit dem Wortsinn. Laut etymologischem Wörterbuch ist ein *bachelor* dem ursprünglichem Wortsinn nach – oder war es zumindest im 14. Jahrhundert – «a knight in training», also ein Ritter in – berufsqualifizierender! – Ausbildung! Da aber die Fertigkeiten eines Ritters spätestens seit Don Quichote an Bedeutung verloren haben, hat sich auch der Wortsinn weiterentwickelt und schon Ende des 14. Jahrhunderts verstand man unter einem *bachelor* «a junior member of a guild or university» oder «an unmarried man». Ein *bachelor degree* (Abschluss) oder auch Bakkalaureus stellte also den ersten zu erwerbenden akademischen Grad dar und wurde zuerst an der Pariser Sorbonne verliehen.

Der Abschluss *master* hingegen, abgeleitet vom lateinischen *magister,* bezeichnet im ursprünglichen Wortsinn: «a degree conveying authority to teach in the universities», also einen Abschluss, der zur Lehre an Universitäten befähigt. Aus diesen beiden Ursprüngen haben sich die heutigen *bachelor* und *master degrees* in Großbritannien, den USA und vielen anderen englischsprachigen Ländern entwickelt.

Mit *diploma* hingegen verbinden englische Ohren nicht etwa einen Hochschulabschluss im Sinne eines Diploms, sondern eher eine Art Urkunde, in der Regel nicht von einem *higher education institute* wie zum Beispiel einer Universität. Schreibt man einen englischen Lebenslauf, empfiehlt es sich daher, den deutschsprachigen Abschluss anzugeben und in Klammern eine englische Erklärung hinzuzufügen.

Im Gegensatz zu Deutschland und der Schweiz, wo sich das Fach Immobilienwirtschaft aus dem Bereich Betriebswirtschaft entwickelt hat, liegen in Großbritannien die Ursprünge der Immobilienwirtschaft als wissenschaftliche Disziplin im Bereich *surveying*. Aber was versteht man nun genau unter *surveying?* Zieht man wieder das etymologische Wörterbuch zu Rate, findet man dort folgende Bedeutung: «to take linear measurements of a tract of ground». Dies beschreibt sehr gut den Ursprung von *surveying*, denn der lag in Großbritannien im Vermessungswesen. Während man in Deutschland den Begriff *surveyor* hauptsächlich aus der Immobilienbewertung kennt und ihn insbesondere mit dem Red Book der Royal Institution of Chartered Surveyors (RICS) verbindet, wird er heute in Großbritannien weiter gefasst: «Surveying involves just about everything from valuing a property or inspecting its condition, major construction projects, town planning, appearing in court as an expert witness to protecting the environment.» So kümmert sich ein *building surveyor* um «all aspects of the design, construction and maintenance of buildings», während die Aufgabe eines *quantity surveyor* «the effective management of the costs of construction projects» ist – um nur zwei Beispiele zu nennen. Wird man also gefragt: «Why did you choose a career in surveying?», ist damit das ganze Spektrum der Immobilienwirtschaft gemeint.

Von Mietern, Vermietern und Dach und Fach

Auch im Mietrecht, dem sogenannten Landlord and Tenant Law, gibt es große nationale Unterschiede. Einer der größten Unterschiede liegt im Umfang der Verträge. Sie sind in Großbritannien meist deutlich umfangreicher als im deutschsprachigen Raum. Aus diesem Grund ist es dort auch *standard practice,* dass bei fast allen Mietvertragsverhandlungen ein Anwalt die Seite des *landlord* (Vermieters) und ein zweiter Anwalt die Seite des *tenant* (Mieters) vertritt. In Verträgen allerdings wird auch häufig der Begriff *lessor* für Vermieter sowie der Begriff *lessee* für Mieter gebraucht.

In Großbritannien sind im Bereich Gewerbeimmobilien sogenannte FRI-Verträge am gebräuchlichsten. *FRI* steht für *full repairing and insuring lease* und beschreibt «a lease under which the lessee is responsible for the whole cost of repairing, maintaining and insuring the property». *Maintenance and repair,* also Instandhaltung und -setzung, beinhaltet hier auch das deutsche «Dach und Fach», das heißt, der Mieter ist auch für die Instandhaltung und -setzung der tragenden Strukturen und des Daches verantwortlich. Dach und Fach ist leider einer dieser Begriffe, die man nicht eins zu eins übersetzen kann, sondern umschreiben muss. Am ehesten kann man Dach und Fach mit «the structural building elements» umschreiben. Bei einem *FRI lease* erübrigt sich dann auch die leidige Diskussion um *recoverable* oder *non-recoverable* (manchmal auch *irrecoverable) service charges* – da der Mieter alle Kosten trägt! In den USA bezeichnet man einen solchen Vertrag als *triple net lease.*

Eine Indexierung von Mieten ist in Großbritannien weitgehend unüblich, in den USA allerdings durchaus gang und gäbe. Indexierung bezeichnet man als *escalation* und die Miete ist an den Consumer Price Index (CPI) mit einer *escalator clause* gekoppelt. In Großbritannien hingegen erfolgt eine Mietanpassung über einen *rent review*. Ein *rent review* erfolgt üblicherweise alle fünf Jahre. In sogenannten *rent review negotiations* sitzen sich Vermieter und Mieter gegenüber – natürlich nicht alleine, sondern mit ihren jeweiligen *Rent Review Surveyors* oder *Rent Review Solicitors* – und verhandeln den Mietpreis neu. Allerdings in der Regel nur in eine Richtung – *upward only,* also nach oben! Zumindest war dies bis zur letzten Immobilienkrise der Fall. Können sich Vermieter und Mieter nicht einigen, kommt es zu *arbitration,* einem Schiedsverfahren. Können sie sich jedoch nicht einmal auf einen Schlichter einigen, obliegt es dem Präsidenten der Royal Institution of Chartered Surveyors (RICS), einen Schlichter zu bestimmen.

Dass Mietpreise in Großbritannien in der Regel als Jahresmiete, also per annum ausgewiesen werden, bedeutet natürlich nicht, dass diese auch jährlich gezahlt werden. In der Regel werden Mieten vierteljährlich im Voraus gezahlt, und zwar traditionell an den *quarter days*. Wie so oft bei Traditionen folgen auch die *quarter days* keiner Logik, zumindest keiner numerischen, und natürlich gelten sie nicht in ganz Großbritannien, sondern sind in England und Schottland unterschiedlich. Die englischen *quarter days* haben sogar Namen, denn sie sind allesamt religiösen Ursprungs und heißen: *Lady Day* (March 25), *Midsummer* (June 24), *Michaelmas* (September 29) und – besonders praktisch – *Christmas Day* (December 25).

Von Grundbesitz, Nutzungsrechten und William the Conqueror

Grundbesitz definiert sich als der Besitz von Land bzw. von Grundstücken oder bebauten Liegenschaften. Historisch war Grundbesitz allerdings in vielen Ländern nicht veräußerlich, sondern wurde vom König als Lehen vergeben, blieb aber theoretisch Eigentum des Königs. Dies spiegelt sich auch in den Begrifflichkeiten wider: das «real» in *real estate* stand ursprünglich nicht etwa für «real» im Sinne von «wirklich», «dinglich» oder «real», sondern leitet sich von lateinischen «regalis» bzw. «regal», also «königlich», ab. *Real estate* bedeutete also königlicher Besitz, so wie «real tennis», Vorläufer des heutigen Tennis, auch als «sport of the kings» bezeichnet wird. Auch wenn der Ausdruck *real estate* eigentlich eher in den USA für Immobilien gebräuchlich ist und *property* in Großbritannien, ist *real estate* im Grunde der ältere Begriff. Im amerikanischen Rechtsystem hingegen bezieht sich das «real» in *real estate* inzwischen auf «res»/«rei» von lateinisch die Sache – im Gegensatz zu einer Person.

Wie so oft in Großbritannien fing alles mit William the Conqueror an: «The Norman conquest of England in 1066 saw all land taken under the ownership of the monarchy. The Normans changed the ownership of land with the King giving land as tribute to Norman lords and barons and depriving the Saxons.» Mit anderen Worten: William the Conqueror hat erst einmal sämtliches Land der Insel annektiert, um es dann wieder an seine Günstlinge zu übertragen, allerdings übertrug er nicht den Grund und Boden, sondern führte verschiedene Formen von Nutzungsrechten ein, die zum Teil bis heute in Großbritannien noch Gültigkeit haben. Unter der Überschrift *tenure,* «the basis upon which property is held, e.g. freehold or leasehold», findet man zum Beispiel in einem Exposé die Art des Nutzungsrechts. Unter *freehold* oder *freehold property* versteht man «a … property where the owner has complete and absolute ownership of the land, and all buildings that stand on the land. There is no limit of time to hold the property.» Besitzt man also einen *freehold title,* besitzt man das Recht, die Immobilie auf ewig zu nutzen. Bei einem *leasehold title* sieht die Sache anders aus: «The leasehold on a property gives you the right to use the property for a fixed period of time at a given price on the basis of a lease contract. The term of a lease is typically 99 or 125 years, although some properties have a 999 year lease. You do not actually own the property as such, and at the end of the term of the lease the property is returned to the owner.» Ähnlich dem Erbbaurecht bzw. dem Baurecht in Österreich und der Schweiz ist hier also das Nutzungsrecht an der Immobilie zeitlich begrenzt – allerdings mit dem kleinen, aber entscheidenden Unterschied, dass der *leaseholder* bei Auslaufen des Erbbaurechts *(reversion)* keinen Anspruch auf Kompensation für eventuell geleistete Investitionen hat!

Ein weiterer Unterschied liegt in der Häufigkeit von *leasehold* im Vergleich zum Erbbaurecht bzw. Baurecht im deutschsprachigen Raum. In einigen Stadtteilen Londons ist es sogar eher die Regel als die Ausnahme.

Aber wer sind eigentlich die *freeholder* in UK? Nun, die größten *institutional freeholders* sind die Forestry Commission mit 2,4 Millionen Acres (ca. 970.000 Hektar), gefolgt vom Ministry of Defence mit 750.000 Acres (ca. 300.000 Hektar) und dem National Trust mit 550.000 Acres (ca. 200.000 Hektar). Die Church of England hält *freehold* von derzeit nur noch 135.000 Acres (ca. 55.000 Hektar), 1870 waren es immerhin noch 1,5 Millionen Acres (ca. 600.000 Hektar). The Crown Estate – sozusagen die Immobilienfirma der Queen, denn die von The Crown Estate erwirtschafteten Gewinne werden in die «coffers of the exchequer» (Truhen des Schatzkanzlers) eingezahlt, aus der dann wieder Teile der Apanage des Königshauses gezahlt werden – hält ca. 400.000 Acres (ca. 160.000 Hektar). Entscheidend ist aber nicht die Größe des Grund- bzw. Immobilienbesitzes, sondern bekannterweise die Lage. So ist The Crown Estate zum Beispiel *freeholder* der kompletten Regent Street bzw. von ca. 50% von St. James's und Teilen von Kensington, Holborn und der City of London – und natürlich noch von viel mehr. Aber auch wenn man das eigentlich annehmen würde, ist nicht The Crown Estate der größte *freeholder* in London, sondern der Duke of Westminster. Er hält große Teile von Mayfair und Belgravia. Sein Platz unter den reichsten Männern Großbritanniens variiert je nach Liste zwischen Platz 1 und 4 – als Quelle seines Reichtums wird lapidar «real estate» angegeben.

Ein *freehold* wird selten verkauft, besonders in den Stadtteilen Westend, Midtown und City of London. Wenn wir also in der Presse lesen, dass ein institutioneller Investor eine Immobilie in London gekauft hat, dann handelt es sich mit allergrößter Wahrscheinlichkeit um einen *leasehold.*

Was bedeutet dies aber für den Investor? Nun, als erstes gilt es, den *lease term* (Laufzeit) zu prüfen. Auch wenn die Standardlaufzeiten von *leaseholds* in der Regel 99 bzw. 125 Jahre sind, gehen auch diese einmal zu Ende und es stellt sich die Frage: «What happens then when the period specified in the lease comes to an end?» Am Ende der Laufzeit, der *reversion,* passiert dann Folgendes: «Effectively, when a lease comes to an end the Tenant (Lessee) no longer has a right to occupy the property and has to give back possession to the Landlord (Lessor). The lease will usually include a clause which states that the Tenant (Lessee) will ‹quietly yield up possession› on the termination of the lease.» Wie anfangs erwähnt, verliert der Erbbaunehmer nach Ablauf das Besitzrecht an der Immobilie, ohne weitere Kompensation. Somit hat die verbleibende Laufzeit natürlich erheblichen Einfluss auf den *value* (Wert) der

Immobilie. Dies zeigt sich auch bei der Kreditvergabe, insbesondere bei *residential properties* (Wohnimmobilien). Banken vergeben in der Regel keine Kredite für *leaseholds* mit einer Laufzeit von weniger als sechzig Jahren, denn *mortgage lenders* (Hypothekengeber) bestehen auf einem *lease term* von mindestens zwanzig Jahren nach Ablauf der Darlehens.

Entscheidend ist aber auch, dass der *leaseholder* meist nicht der *occupational tenant,* also der eigentliche Mieter des Gebäudes, ist, aber trotzdem natürlich die *ground rent* bzw. *ground lease,* manchmal auch *head rent* (Erbbaupacht), zu entrichten hat, ob das Gebäude nun vermietet ist oder nicht. Und diese kann zum Teil erheblich sein. So berechnet sich die *ground rent* zum Beispiel «at 12.5% of the net rents received in the previous 12 months minus allowable deductions» oder aber «at 10% of the open market rental value of the demised premises (Mietobjekt)».

In beiden Fällen heißt das vor allem eines – bei Mietausfall sind die anfallenden Betriebskosten die kleinere Sorge!

Doppelte Sorgfalt ist geboten

In diesem Kapitel beschäftige ich mich mit dem Begriff *due diligence.* Beginnen wir doch wieder mit dem eigentlichen Wortsinn des Begriffs: «to do something with due care» bedeutet, etwas mit der erforderlichen Sorgfalt zu tun. Abgeleitet von lateinisch *diligere (to value highly, to love, to choose)* bedeutet *diligence* laut etymologischem Wörterbuch «attentiveness or carefulness». *Due diligence* hat also im doppelten Sinne etwas mit Sorgfalt zu tun.

Der Begriff *due diligence* entstammt ursprünglich dem US-amerikanischen Kapitalmarkt. Er wurde im Rahmen des U.S. Securities Act of 1933 eingeführt und regelt die Haftung der am Handel mit Wertpapieren beteiligten Personen. Hieraus hat der Begriff die weithin geläufige Bedeutung erhalten: die sorgfältige Analyse, Prüfung und Bewertung eines Objektes im Rahmen einer beabsichtigten geschäftlichen Transaktion.

Teil einer *due diligence* ist immer eine *legal due diligence.* Hier werden als erstes die Besitzverhältnisse geprüft mit einer sogenannten *title search,* die der Prüfung des *title* bzw. der *legal ownership* dient. Ziel der Prüfung ist, ein *proof of title* durch *title deeds* zu erlangen: «legal documents, especially relating to property ownership». Wichtig ist natürlich auch, zu prüfen, ob ein *right of preemption* oder *right of first refusal* (Vorkaufsrecht) besteht.

In der Regel überprüft man dies im Grundbuch. Allerdings sind in Großbritannien nicht alle Immobilien im Grundbuch eingetragen. Das Land Registry (Grundbuch- oder Katasteramt) – «officially known as Her Majesty's Land Registry» – wurde zwar schon 1862 gegründet, aber die Registrierung von Immobilien ist erst seit 1990 in ganz England verpflichtend, und dies auch nur, «when a property changes hands».

Auch wenn das Land Registry versucht, die Besitzer von Immobilien zu ermuntern, ihre Immobilien registrieren zu lassen, sind zurzeit nur etwas mehr als die Hälfte des Grund und Bodens bzw. der Immobilien in Großbritannien registriert. Dies betrifft hauptsächlich ländlichen Grund und Boden in der Hand von institutionellen Besitzern wie zum Beispiel die Kirche, Universitäten und Colleges oder die Krone. Heute ist das Land Registry sogar für jeden gegen eine geringe Gebühr online zugänglich (www.landregistry.gov.uk). Weiterhin ermöglicht der Land Registration Act 2002 «electronic conveyancing using electronic signatures to transfer and register property» – also die elektronische Eigentumsübertragung.

Im Land Register (Grundbuch) sind wie im deutschen Grundbuch die *encumbrances* (Grundstücksbelastungen) eingetragen. Darunter fallen *financial encumbrances* wie etwa *mortgages,* aber auch *physical restrictions* bzw. *easements* (Grunddienstbarkeiten) wie zum Beispiel ein *right of way* (Wegerechte) oder *utility easements* (Kabel- und Leitungsrechte).

Auch sogenannte *covenants* können Grundstücksrechte einschränken. Unter *restrictive covenants* (US *negative easements)* versteht man einschränkende Vereinbarungen: «that restrict what the land or property owner can do on their land. For example not to use the land for a specific trade or business». Aber Vorsicht: *covenant* hat im Englischen mehrere Bedeutungen: Wenn ein Mieter als *good* bzw. *poor covenant* bezeichnet wird, dann beschreibt das seine Bonität – aber das ist dann ein Thema für eine *commercial due diligence.*

Auch bei der Technical Due Diligence – gebührende Sorgfalt ist geboten

Im Rahmen einer *technical due diligence* beschäftigt man sich als Erstes mit dem Bauzustand einer Immobilie, das heißt «with the condition of a property» oder auch «the state of repair», sowie der Ausführungsqualität, «quality of workmanship» genannt.

Der bauliche Zustand wird üblicherweise mit folgenden Kategorien oder auch *qualifications* beschrieben: *excellent, good, reasonable, moderate* oder *poor.* Eine Immobilie in *excellent condition* wird definiert als «built to the standard of a new construction. The building has a sound design, was built to a high standard and with good material». *A property in good condition* bezeichnet hingegen folgenden Zustand: «The property has an amount of fair wear and tear (Abnutzung und Verschleiß) but nothing significant. The building components have been obviously used and are no longer new.» *A reasonable condition* hingegen zeigt dann schon erste Mängel: «The property shows defects (Mängel) from its use and age such as wood rot (Holzfäule), corrosion (Korrosion), etc. The process of aging has clearly set in across the entire property.» Die nächste Stufe ist dann *a moderate condition* und hier wird es ernster: «the process of aging is further advanced and the property is past its prime». Ganz düster sieht es dann bei der letzten Stufe – *a poor condition* – aus: «The ageing process is now very well advanced and serious defects occur regularly.»

Mängel können baulicher Art sein *(structural defects)* oder auch versteckt oder verborgen sein *(latent defects* oder *hidden defects)* und werden in einer *defects list* oder auch *snagging list* festgehalten.

Mängelbehebung oder -beseitung wird als *rectification* oder *remediation of defects* bezeichnet.

Neben der *superstructure* (Oberbau) und der *substructure* (Unterbau) werden natürlich auch die technische Gebäudeausrüstung, die *building services,* überprüft. Diese werden in *mechanical and electrical (M&E)* sowie Heizung, Lüftung und Klimatechnik – *heating, ventilation and air conditioning (HVAC)* – unterteilt. Hier ist es natürlich besonders wichtig zu überprüfen, ob ein Instandhaltungsrückstau *(maintenance backlog* oder *deferred maintenance)* vorliegt.

Überprüft wird zudem, ob alle rechtlichen Vorschriften und Regularien eingehalten wurden, also ob die «compliance with legislation and regulations» vorliegt bzw. «whether statutory restrictions are observed». In Großbritannien wird im Rahmen einer *technical due diligence* vor allem die Einhaltung der Health and Safety Regulations, also der Arbeitschutzbestimmungen überprüft. Die Health and Safety Regulations regeln unter anderem die Anforderungen bezüglich *artificial lighting and natural daylight* (Beleuchtung und Tageslicht) oder *disability access* (Barrierefreiheit). Weiter wird die Einhaltung des Building Code (US) bzw. der Building Regulations (UK) (Bauordnung) überprüft, also der *planning regulations* (Planungsvorschriften) bzw. *building permits* (US) oder *planning permissions* (UK) (Baugenehmigungen) oder auch der *fire precautions* (Brandschutz) – also alles, was für die Nutzung eines Gebäudes von Bedeutung ist.

Environmental Due Diligence – Buyer be aware!

Weiter geht es mit *due diligence* aus dem Blickwinkel der Umwelt – mit *environmental due diligence* oder auch *EDD. Environmental due diligence* ist eine relativ neue Disziplin und kommt, wie das Konzept *due diligence* insgesamt (wie bereits erwähnt), aus den USA. Vor 1980 war die Durchführung von *environmental due diligence processes* im Rahmen von Transaktionsprozessen weitgehend unbekannt, was sich allerdings mit dem 1980 eingeführten Comprehensive Environmental Response, Compensation, and Liability Act (CERCLA) änderte. CERCLA ist «a US government fund intended to pay for the cleanup of hazardous waste dump». Die Environmental Protection Agency wurde angewiesen, eine Liste «of the most dangerous sites» zu erstellen, die zu sogenannten *Superfund sites* erklärt werden. Die *polluter* (Verschmutzer) werden dann gezwungen, den *cleanup* zu bezahlen, oder die Environmental Protection Agency ordnet die *remediation of harzardous substances* (Altlastensanierung) an und verklagt dann den Verursacher auf Entschädigung.

Die Einführung der *Superfund sites* ist auf den Love-Canal-Skandal, einen der ersten großen Giftmüllskandale, zurückzuführen. 1978 entdecken die Bewohner der Love Canal Community, dass ihre Häuser auf einer ehemaligen Mülldeponie erbaut worden waren, in der noch über zwanzigtausend Tonnen Giftmüll lagerten. Das Gift sickerte in die Wasserläufe, und chemische Substanzen traten an der Erdoberfläche aus. Präsident Jimmy Carter erklärte das Gebiet 1978 zum Katastrophengebiet, über 950 Familien mussten umgesiedelt werden. Als Folge solcher Vorfälle wurden seit den 1980ern von Käufern immer mehr *EDD processes* durchgeführt, um *liabilities* (Haftungsverpflichtungen) bezüglich *contamination* (Altlasten) zu beschränken.

Mit zunehmender Investitionstätigkeit der Amerikaner in Europa Ende der 1980er Jahre, aber auch als Reaktion auf Umweltskandale in Europa schwappte das Konzept der *environmental due diligence* über den Atlantik und wurde nach und nach zum integralen Bestandteil einer *due diligence.* Ein Environmental-Due-Diligence-Prozess beinhaltet oft eine *environmental site assessment (ESA);* diese wird wie folgt definiert: «ESA is a report prepared for a real estate holding which identifies potential or environmental contamination liabilities. The analysis addresses both the underlying land as well as the physical improvements to the property.» Phase I ist eine *desk study,* in deren Rahmen Informationen über die Historie und die *current use* (derzeitige Nutzung) gesammelt werden und untersucht wird, ob diese Auswirkungen auf die Qualität des *soil* (Bodens) oder des *groundwater* (Grundwassers) haben bzw. hatten; zudem erfolgen *site inspections* (Besichtigungen) sowie die Auswertung von *publicly available databases.* Phase II beinhaltet «the actual collection of physical samples or chemical analyses», das heißt sogenannte *intrusive site investigations.* Es werden also Bodenproben entnommen, um den Boden zum Beispiel auf Rückstände von *petroleum* (Mineralöl) zu untersuchen, bzw. Proben von *groundwater* (Grundwasser) oder *surface water* (Oberflächenwasser). Aber auch das Gebäude wird auf *chemical residues* (chemische Rückstände) untersucht wie zum Beispiel *asbestos* (Asbest) oder Ähnliches. Weiterhin wird überprüft, ob *mould and mildew* (Schimmel) die Raumluftqualität beeinträchtigt. In Phase III werden die Maßnahmen zur Altlastensanierung festgelegt und die Kosten abgeschätzt, welche dann oft Teil der Verhandlungsmasse im Rahmen des Transaktionsprozesses werden. Eines will man aber auf jeden Fall vermeiden: dass das Objekt auf die National Priorities List gesetzt wird – dann wird es nämlich eine *Superfund site!*

...HABE DA EIN TOLLES OBJEKT AN DER HAND...
right of way

GRÜN, GRÜNER,
AM GRÜNSTEN...
FLOOD PLAIN...

Verträge und das Wörtchen «shall»

Der eine oder andere von uns hat noch in der Schule gelernt, dass *shall* eine Form des Futurs, genauer gesagt des *simple future* ist und gebraucht wird, wenn die Pronomen *I* oder *we* verwendet werden, während nach den anderen Pronomen *will* verwendet wird. Allerdings ist laut dem New Oxford Dictionary of English «in modern English the interchangeable use of *shall* and *will* […] an acceptable part of standard British and US English». Das war nicht immer der Fall. US-Präsident Dwight D. Eisenhower wird nachgesagt, dass er noch Ende der 1950er Jahre einen Stabsmitarbeiter gefeuert habe, weil dieser den Unterschied zwischen *shall* und *will* nicht kannte. Inzwischen aber stellt die Grammar for English Language Teachers fest, dass sogar in der Lehre nicht mehr auf den Unterschied eingegangen werden muss: «Modern teaching materials tend to ignore this use of *shall* altogether.»

In Verträgen aber spielt das Wort *shall* noch eine wichtige Rolle: «Legislative acts and contracts sometimes use *shall* and *shall not* to express mandatory actions (obligatorische Maßnahmen).» Liest man also Formulierungen wie «The rent shall be paid monthly in advance», bedeutet dies: «Die Miete ist monatlich im Voraus zu entrichten.» Eine solche Formulierung findet man zumeist in Paragraphen mit der Überschrift *Tenant's Obligations* oder auch *Tenant's Covenants.* Die Liste der Verpflichtungen des Mieters (in Verträgen auch oft *lessee* genannt) in klassischen *full repairing and insuring leases (FRI),* der gebräuchlichsten Mietvertragsform im Bereich Gewerbeimmobilien in Großbritannien (US *triple net leases),* ist zumeist bedeutend länger als die Liste der *landlord's obligations* bzw. der *landlord's covenants* (in Verträgen oft auch *lessor* genannt) und kann sich schon mal über zehn bis fünfzehn Seiten erstrecken. Die *landlord's obligations* hingegen passen oft auf zwei bis drei Seiten!

Neben Verpflichtungen des Mieters, etwas zu tun, wie etwa die Miete und die Nebenkosten zu zahlen, gibt es natürlich auch Verpflichtungen, etwas nicht zu tun. Verpflichtungen, etwas nicht zu tun, werden meist mit der Formulierung eingeleitet: «The tenant undertakes not to» zum Beispiel «make any alterations, additions or improvements to the property» oder «share the occupation of the property or transfer or sublet part of it». Es sei denn, der Vermieter gibt seine Zustimmung: «unless approved in writing by the landlord» oder «the lessor's written consent shall be required». Allerdings kann der Vermieter nicht willkürlich seine Zustimmung verweigern, denn «consent must not be withheld unreasonably» – was allerdings genau unter «unreasonably» verstanden wird, dürfte wohl im Streitfall die Gerichte beschäftigen.

Zum Schluß noch ein Stolperstein, der allerdings eher ein *false friend* ist. Einen Paragraphen bezeichnet man im Englischen als *section* oder *clause,* während *paragraph* Absatz bedeutet.

Von Inconviences, Chattels und Dilapidations

Auch in diesem Kapitel widme ich mich wieder dem Thema Verträge, insbesondere Formulierungen in Mietverträgen bzw. weiteren Bestandteilen eines typischen «Full Repairing and Insuring»-Vertrags (FRI). Neben den *tenant's obligations* und *landlord's obligations* regelt ein *FRI lease* natürlich auch die Nutzung der Immobilie bzw. den Mietzweck, also «the use of property». Zuallererst richtet sich die Nutzung – nicht viel anders als in deutschen oder schweizerischen Mietverträgen – nach der *permitted use,* das heißt der zulässigen Nutzung. Und in diesem Zusammenhang ist der Mieter verpflichtet, «to comply with all legislation applicable to the tenant's use of the property and will obtain, renew and continue any licence or registration which is required».

Neben erlaubten Dingen gibt es natürlich auch Dinge, die nicht erlaubt sind: «The tenant will not do or permit anything to be done which may become a nuisance (Ärgernis), annoyance (Belästigung), disturbance (Störung) or inconvenience (Unbill) to the landlord or to the owners or occupiers of any adjacent (angrenzend/nebenliegend) or neighbouring property.» Hier will man wohl sichergehen, dass man keine Art von Ärgernis, Belästigung, Störung oder Unbill vergessen hat!

Indexed rents (UK) bzw. *percentage rents* (US) (Indexmieten) oder *stepped rents* (Staffelmieten) sind in *FRI leases,* wie im Kapitel «Von Mietern, Vermietern und Dach und Fach» auf Seite 54 schon erwähnt, eher unüblich, Mieterhöhungen erfolgen über die auch bereits erwähnten *rent reviews* und werden in einem Paragraphen mit entsprechendem Titel geregelt: «The rent will increase on each rent review date to the market rent if that is higher than the rent in force before that date.» Dann erfolgt im Vertrag natürlich eine Definition der *market rent.* Es wird auch definiert, dass die vereinbarte *new rent* in einem *statement* festgehalten wird, das von beiden Parteien unterschrieben wird. Können sich beide Parteien nicht einigen, wird ein *arbitrator,* also ein Schlichter, eingesetzt. Das Prozedere hierzu wird im sogenannten Arbitration Act geregelt.

Spannend wird es natürlich immer am Ende eines Mietvertrags. Vor allem die Frage, wer für was am Ende eines Mietverhältnisses verantwortlich ist, sorgt oft für – nennen wir es Diskussionen. Dies wird meist in einem Paragraphen mit dem Titel *Yield up* oder *Yielding up* geregelt, welches so viel bedeutet wie etwas aufgeben. Hier verpflichtet sich der Mieter, «to give vacant possession of the property to the landlord», also das Objekt in leerem Zustand an den Vermieter zu übergeben, und «to remove all chattels (bewegliches Eigentum) and tenant's fixtures (Mietereinbauten)». Dies sollte dann «without any dilapidations» geschehen, also «without breach of contract by not undertaking repair and redecoration work». Hier eröffnet sich natürlich auch die Möglichkeit, mit dem Mieter über sogenannte *dilapidation receipts* zu verhandeln und sich bei Auszug auf eine Art Abfindungssumme zu einigen – und bei Nichteinigung ist wieder viel Rat von Gutachtern gefordert!

Kosten, nichts als Kosten!

Die Themen Betriebs- und Nebenkosten sind ein Klassiker und geben immer wieder Anlass zu Diskussionen zwischen Mieter und *Property Manager* (Immobilienverwalter). Nebenkosten bezeichnet man im Englischen als *service charges* («the amount payable by a tenant for services provided to the landlord») oder auch als *ancillary costs* bzw. *ancillary charges.* Allerdings spricht man nicht von einer *«second rent»* (zweiten Miete). Neben der – besonders in Deutschland und in der Schweiz – oft diskutierten Frage, welche Kosten *recoverable* (umlegbar) und welche *non-recoverable* (nicht umlegbar) sind, erlangten Forderungen nach mehr Transparenz bzw. besserem Benchmarking immer größere Bedeutung, besonders im Hinblick auf steigende Kosten und den damit verbundenen Druck, die Effizienz zu steigern. Dies führte zur Entwicklung eines Branchenstandards, den sogenannten Cost Codes and Headings.

Als erste schuf Jones Lang LaSalle den seit 1996 veröffentlichten sogenannten Office Service Charge Analysis Report, auch kurz OSCAR genannt, ein Benchmarkinginstrument, in dem die Nebenkosten bürogenutzter Immobilien analysiert und verglichen werden, inzwischen wurde er allerdings um andere Nutzungsarten erweitert. Seit einigen Jahren veröffentlicht Jones Lang LaSalle auch einen Retail- und einen Retail-Park-OSCAR.

Analysiert man aber die Vollkosten in einer *total cost analysis,* werden hier nicht nur die *operating costs* (Betriebskosten), sondern auch die *management costs* (Bewirtschaftungskosten) verglichen. Eine solche Analyse ist der 1999 erstmals von Investment Property Databank (IPD) herausgebrachte Total Occupancy Cost Code (TOCC): «a comprehensive defined metric for capturing all occupancy costs involving rent, tax, fit-out, furniture, building operation, business support and management». Der TOCC bezieht sich also auf sämtliche Nutzungskosten und wurde zunehmend zum Branchenstandard in Großbritannien. 2001 wurde der TOCC aufgrund von Rückmeldungen aus der Branche erweitert und der International Total Occupancy Cost Code, also der ITOCC, herausgebracht.

2007 folgte dann – wie sollte es auch anders sein – die Royal Institution of Chartered Surveyors (RICS) mit einem Code of Practice mit dem Titel «Service Charges in Commercial Property»: «A code which details how to achieve best practice in managing and calculating service charges». Der RICS Code of Practice führt in gewisser Weise beide Kostenansätze in den Cost Codes and Headings zusammen. Allerdings wurden diese dahingehend überarbeitet, dass sie jetzt mit dem ITOCC kompatibel sind.

In den RICS Code of Practice «Service Charges in Commercial Property» wurden sieben *cost classes* aufgenommen, die wiederum in zweiundzwanzig *cost categories* eingeteilt wurden. Die erste Kostenklasse heißt einfach nur *management* und beinhaltet vier *cost categories.* Die erste Kategorie stellen die *management fees* dar, also alle Kosten der Verwaltung einer Immobilie, ausgenommen die Kosten für *rent collection* (Mieteinzug). Die zweite Kategorie sind die *accounting fees,* definiert als «auditor's fee to review the year end service charge reconciliation», sprich die Prüfgebühren für die Abrechnung der Nebenkosten am Ende eines Jahres. Die nächste Kategorie nennt sich *site management resources.* Hierunter fallen Kosten für eventuell vor Ort zur Verfügung gestelltes Personal bzw. Empfangsservice, aber auch alle mit dem zur Verfügung gestellten Service verbundenen Bürokosten und Gebühren. Die letzte Kategorie in dieser Klasse nennt sich *health, safety and environmental management,* und dahinter verbergen sich alle Kosten des Vermieters, die mit der Einhaltung und Überprüfung von Arbeitsschutzbestimmungen, Arbeitsplatzrichtlinien, Umweltstandards etc. verbunden sind.

Die zweite Kostenklasse nennt sich *utilities* und beschreibt die Kosten, die auf der Vermieterseite zur Versorgung einer Immobilie anfallen. Sie beinhaltet vier Kostenkategorien: *electricity, gas, fuel oil (heating)* und *water.* Unter die ersten drei Kategorien *(electricity, gas* und *fuel oil)* fällt nicht nur das Offensichtliche, der Verbrauch, den wir im Folgenden noch weiter definieren, sondern auch die Kosten für «consultancy and procurement fees for negotiating supply contracts and auditing energy consumption», das heißt alle Beratungs- und Beschaffungskosten aus der Verhandlung von Versorgungsverträgen, aber auch die Kosten der Prüfung des Energieverbrauchs. Der Verbrauch definiert sich dabei wie folgt: «supply to common parts (Gemeinschaftsflächen), retained areas (auch *tenant areas* genannt, d.h. die exklusiv genutzten Mietflächen) and central plant excluding occupiers' direct consumption». Mit *plant* sind hier keine Pflanzen und deren Versorgung gemeint – das kommt in der nächsten Kostenklasse –, sondern Betriebseinrichtungen.

Die nächsten beiden Kostenklassen heißen *soft services* und *hard services.* Zu den *soft services* gehören drei Kategorien: *security, cleaning & environment* und *marketing & promotion.* Während man sich leicht vorstellen kann, was sich hinter der Kategorie *security* verbirgt, ist das bei den beiden anderen Kategorien nicht ganz so eindeutig. *Cleaning & environment* beinhalten neben den Kosten für die Reinigung der *common parts and retained areas* auch die Kosten für *pest control* (Schädlingsbekämpfung) und *waste collection* (Abfallentsorgung) – oder, da heutzutage alles schöner klingen soll, auch *waste management* – sowie *internal floral displays,* das heißt die jährlichen Kosten für die Bereitstellung und Pflege von Pflanzen. Und nicht nur das, auch die Kosten für *seasonal decoration* fallen in diese Kategorie, also Kosten für Feiertagsdekoration zum Beispiel an Weihnachten – sprich je größer der Weihnachtsbaum in der Empfangshalle, desto höher die Kosten in dieser Kategorie. Weiterhin beinhaltet diese Kategorie noch die Pflege der Außenanlagen. Die letzte Kostenkategorie *marketing & promotion* ist «principally related to shopping centres, retail and leisure parks». Sie enthält zum Beispiel die Kosten für Promotions-Events etc.

Hinter dem Begriff *hard services* verbergen sich alle Dienstleistungen, die die technische Ausstattung von Gebäuden betreffen bzw. die *cost categories* für diese Dienstleistungen. Die erste Kategorie in dieser Klasse heißt *mechanical and electrical services* – oder auch *M&E* (Mechanik- und Elektrikdienstleistungen). Hierunter verbergen sich alle Kosten für *M&E maintenance,* also Instandhaltung, oder auch für *M&E repair,* also Instandsetzung, aber auch die Kosten für *inspections and consulting,* das heißt alle Kosten, die bei der Überprüfung des Zustandes der Anlagen bzw. von Instandhaltungsarbeiten sowie bei der Überprüfung der Einhaltung von Arbeitsschutzbestimmungen anfallen. Weiterhin fällt unter diese Kategorie noch *maintenance, repair* sowie *inspections and consultancy costs* für die sogenannten *life safety systems* – also die Brandschutzanlagen. Auch die Kosten für die Instandhaltung und -setzung sowie für Überprüfungen und Beratungen von *lifts and escalators* (Aufzügen und Rolltreppen) und von *suspended access equipment,* was genau übersetzt «am Gebäude aufgehängte Zugangseinrichtungen» bedeutet, womit zum Beispiel Körbe zur Reinigung von Fenstern an Hochhäusern gemeint sind. Die letzte Kategorie in dieser Klasse nennt sich *fabric repairs & maintenance.* Mit *fabric* ist hier *building fabric,* also die Bausubstanz, gemeint und damit die Kosten für deren Innen- und Außeninstandhaltung bzw. -setzung.

Bei der nächsten Kostenklasse – *income* – handelt es sich genau genommen nicht um Kosten. *Income* beinhaltet die Kategorien *interests* (Zinsen), also «interest received on service charges monies (Gelder, Geldsummen, Mittel) held within the owner's or agent's bank account», sowie *income from commercialisation.* Unter Letzterem versteht man «income from any facilities, installed and maintained at the occupier's expense», zum Beispiel Einnahmen aus

Parkgebühren oder Warenautomaten, natürlich abzüglich der *operating expenses* (Betriebskosten).

Die nächsten beiden *cost classes* sind *insurance* (Versicherungen) und *exceptional expenses* (außerordentliche Aufwendungen). *Insurance* enthält die Kategorien *engineering insurance* (Bauleistungsversicherung/Technische Versicherung), *terrorism insurance* (Terrorismusversicherung) sowie *all-risk insurance cover* (Gesamtversicherungsdeckung), welche die Deckung der *building insurance* (Gebäudeversicherung), *loss of rent insurance* (Mietausfallversicherung), *public liability insurance* (Haftpflichtversicherung) sowie die Versicherung des *landlord's contents* (Hausratsversicherung des Vermieters) beinhaltet. Und zu guter Letzt … (aber leider haben nur in diesem Kapitel die Kosten ein Ende) die Kostenklasse *exceptional expenses* (außerordentliche Aufwendungen). Sie beinhaltet die Kosten für die Kategorien *project work* («exceptional and one-off project works, over and above routine operational costs») und *forward funding* (zukünftige Finanzierungen) wie zum Beispiel *sinking funds* (Rücklagen für größere Projekte, z.B. Dacherneuerungen), *reserve funds* (Rücklagen für kleinere Innen- und Außenreparaturen) und *depreciation charges* (Aufwendungen für Abschreibungen).

Property Development – die Stakeholder, der Prozess, das Grundstück

In diesem Kapitel beschäftige ich mich dem Thema Projektentwicklung, und schon bin ich beim ersten Stolperstein. Projektentwicklung bezeichnet man im Englischen als *property development* oder *real estate development.* Man spricht zwar von *project management,* aber nicht von *«project development»*.

In jeder Projektentwicklung sind *stakeholders* involviert. Der Ausdruck *stakeholder* ist schwer zu übersetzen. Er kommt eigentlich aus der Betriebswirtschaft und ist sozusagen über das Projektmanagement in die Projektentwicklung gewandert. *Stakeholders* werden definiert als «those entities within or outside an organisation which sponsor a project, have an interest or a gain upon a successful completion of a project, or may have a positive or negative influence in the project completion». In der Projektentwicklung wären dies natürlich zunächst der *developer* (Projektentwickler), wobei zu unterscheiden ist, ob es sich um einen *service developer* («a service provider usually paid on a fee based on project value and scope of services provided»), um einen *trader developer* («a developer for profit also called speculator») oder um einen *investor developer* («a developer for own stock») handelt.

Schlüsselrollen spielen auch der *client* oder *principal* (Bauherr, Auftraggeber) und der *contractor* (Auftragnehmer, Bauunternehmer). Hier unterscheidet man zwischen dem Generalunternehmer und dem Generalübernehmer. Dem Generalunternehmer entspricht der *general contractor,* für Generalübernehmer gibt es keine Übersetzung, die eins zu eins dem Begriff entspricht, weshalb man das

Konzept beschreiben muss: «a general contractor who not only performs or supervises the construction or development of a property, but is also responsible for planning and design».

Der Bauherr hat keine vertraglichen Beziehungen zum *design team* (Fachplanern), also zum *architect* (Architekt), *space planner or interior designer* (Innenarchitekt), *landscape architect* (Landschaftsarchitekt), *structural engineer* (Statiker) oder *building services engineer* (Gebäudeplaner). Sie sind *subcontractors* (Subunternehmer) des Generalübernehmers. In Großbritannien gibt es noch einen weiteren wichtigen *stakeholder,* den *quantity surveyor.* «A quantity surveyor manages the costs of construction projects as effectively as possible, liaises with contractors and is often involved in the tendering procedure (Ausschreibung, Vergabeprozess) in projects», übernimmt also Aufgaben, die in Deutschland meist ein Architekt oder ein Kostenplaner übernimmt.

Auch wenn der Bauherr die Planung und Ausführung seines Projekts einem Generalunter- oder -übernehmer übergeben kann, muss er natürlich eine *planning application* (Bauantrag) an die zuständigen *planning authorities* (Bauämter) stellen, um eine *planning consent* oder *planning permission* (Baugenehmigung) zu erlangen. Dies ist in Großbritannien ein zweistufiger Prozess. Zuerst stellt man einen Antrag für eine *planning permission* bei den *local planning authorities,* dann einen für einen detaillierten *building regulation approval;* aus diesem Grund ist auch der Antrag für die *planning permission* weniger ausführlich als ein Antrag auf Baugenehmigung in Deutschland, da hier beide Prozesse in einem stattfinden.

Nun haben wir aber ein entscheidendes Element der Projektentwicklung nicht erwähnt – nämlich das Baugrundstück. Ein Baugrundstück bezeichnet man als *construction site, building site* oder *building plot* (Großbritannien) bzw. *building lot* (US). Hier unterscheidet man zwischen *greenfield site,* dem Grundstück auf der grünen Wiese, und *brownfield site. Brownfield site* wird meist mit Brachflächen oder Industriebrache übersetzt, bezeichnet aber im Grunde oft nur «land which has previously been developed».

Ferner gibt es einige für die Projektentwicklung wichtige Kennzahlen: die *plot ratio* (US *floor-to-area ratio),* also die Geschossflächenzahl (GFZ), und die *site coverage ratio,* die Grundflächenzahl (GRZ). Weiter ist es wichtig, als was das Grundstück im *land use plan* (US *zoning ordinance),* dem Flächennutzungsplan, ausgewiesen ist: entweder als *residential use* (Wohnnutzung), *mixed residential-commercial use* (gemischte Wohn- und Gewerbenutzung), *commercial use* (Gewerbe), *industrial use* (Industrie) oder *special use* (Sondernutzung). Der *development plan* ähnelt dem Bebauungsplan, allerdings besitzt er nicht den gleichen Stellenwert. Er ist die Grundlage für die Erteilung und Verweigerung von Baugenehmigungen, hat aber einen deutlich geringeren rechtlichen Verbindlichkeitsgrad und räumt den Genehmigungsbehörden mehr Gestaltungsspielraum ein. Wichtig ist, ob das Grundstück in einer *conservation area* (Schutzgebiet) oder in einer *area of archaeological interest* (Bodendenkmal) liegt. Auch die *site condition* (Bodenbeschaffenheit) und die *site bearing capacity* (Tragfähigkeit) sind zu prüfen, denn wenn das Baugrundstück in einer *flood plain* (Aue, Überschwemmungsgebiet) liegt oder *contamination* (Altlasten) aufweist, hat dies weitreichende Folgen.

Hat man das alles geklärt, stellt sich die Frage, um was für eine Art von Projektentwicklung es sich handelt: um einen *new build* (Neubau) oder ein *redevelopment* (Sanierung), bei dem ein *demolition ball* oder *wrecking ball* (Abrißbirne) zum Zuge kommt. *Refurbishment* bezeichnet eine Teilsanierung oder Renovierung «with the retention of the existing structure and façade», außer wenn von *comprehensive refurbishment* die Rede ist, die dann auch eine *extension* (Erweiterung) oder eine *addition* (Anbau) beinhalten kann. Mit einem *refurbishment* oder einem *redevelopment* kann natürlich auch eine *conversion* (Umwandlung, Konversion) einhergehen, die dann zu einer *change of use* (Nutzungsänderung) führt.

Aber nun zum Prozess: Zunächst stellt man in einer *feasibility study* (Machbarkeitsstudie) fest, ob das Projekt überhaupt machbar ist, in deren Rahmen ein sogenanntes *appraisal* erfolgt. Ein *development appraisal* (die Abschätzung eines Entwicklungsprojekts) «is used to determine the price that should be paid for development land, the construction budget required as well as the profit the project will make». Das bringt uns an dieser Stelle zu einem weiteren Stolperstein. In Großbritannien wird der Begriff *appraisal* im Sinne von *investment appraisal* gebraucht und bezeichnet «a subjective activity undertaken by or on behalf of investors to assess the likely performance of an investment». In den USA hingegen wird der Begriff für Bewertung verwendet, demzufolge nennt man in den USA einen *valuer* einen *appraiser.*

Bevor man allerdings mit der Bebauung des Grundstücks beginnt, muss man es der einen oder anderen Untersuchung oder Messung unterziehen, wie zum Beispiel einer *topographical survey* (topographische Aufnahme) oder einem *geotechnical survey* (Bodengutachten). Auch ein *environmental survey* oder *ecological survey* (Umweltgutachten oder Umweltverträglichkeitsprüfung) könnte notwendig sein. Diese können wiederum eine *asbestos survey* (Asbestbestandsaufnahme) oder ein *contaminations survey* (Kontaminationsgutachten) enthalten. Handelt es sich um eine *brownfield site,* ist eventuell auch noch eine *existing building survey* (Baubestandsaufnahme) erforderlich.

Wenn alle diese Untersuchungen erfolgreich waren, stellt der Grunderwerb, also die *land acquisition,* den nächsten Schritt dar. Aber auch bei der *land acquisition* sind weitere Überprüfungen notwendig, so ist es zum Beispiel im Rahmen der Genehmigungsplanung nötig, «to identify all statutory consents required» (Bestimmung aller gesetzlich erforderlichen Genehmigungen). Bei größeren Projekten ist eventuell sogar eine *public consultation period* (öffentliche Auslegung des Bebauungsplans oder Bürgerbeteiligung) erforderlich. Gleichzeitig erfolgt das *tendering and contracting* (die Ausschreibung und Vertragsvergabe), in deren Rahmen «the selection of an appropriate procurement process» (die Wahl des geeigneten Vergabeverfahrens) vorgenommen wird, aber auch die «preparation of tender documents» (die Vorbereitung der Vergabe), zum Beispiel durch die Erstellung von *product information* (Projektanforderungen), *tender documents* (Ausschreibungsunterlagen) und *schedules of quantities* (Leistungsverzeichnissen, Stück- oder Mengenlisten) oder *schedules of works* (Bauablaufplänen).

Den Begriff *schedule* kennen die meisten noch aus der Schule. In der Schule war damit meist der leidige Stundenplan gemeint. Im Projektmanagement hingegen bezeichnet *schedule* «a list of a project's terminal elements with intended start and finish dates» oder ein Verzeichnis von Leistungen, Verträgen oder Ähnlichem. Nach all diesen Vorbereitungen erfolgt die *invitation to contractor's tenders* (die Ausschreibung zur Angebotsabgabe), auf deren Basis dann eine *selection* (Auswahl) der *contractors* (Auftragnehmer) erfolgt – um dann hoffentlich zum *appointment* (der Beauftragung) der Auftragnehmer zu führen. Dies geschieht aber in dieser Form nur in Großbritannien, denn die Amerikaner bezeichnen *tender* (Ausschreibung) als *bid* oder *bidding!*

Von falschen Freunden, Boarding Houses und dem Hinterland

Zum Schluss widme ich mich den berühmten «falschen Freunden»: «False friends are pairs of words or phrases in two languages that look or sound similar, but differ in meaning or use.» Auf ein paar habe ich schon hingewiesen, aber hier widme ich mich einigen Klassikern, die mir in fast jedem Seminar begegnen. Ein Klassiker ist der für die Immobilienwirtschaft doch sehr wichtige Begriff Provision. Provision übersetzt man mit *commission* oder *fee.* Das Wort *provision* gibt es natürlich auch im Englischen, aber damit sind Vorräte, Bereitstellung oder auch Vorkehrungen für etwas gemeint, im Rahmen einer Bilanz bedeutet *provision* «Rückstellung», im Zusammenhang mit Verträgen «Klausel» oder «Regelung» – der Begriff bedeutet also vieles, aber nicht «Provision».

Auch nicht unwichtig ist das Adjektiv «rentabel». Die richtige Übersetzung ist *profitable,* der englische Ausdruck *rentable* bedeutet «vermietbar», wie zum Beispiel in *rentable area* (vermietbare Fläche). Möchte man sein Unternehmen als seriös bezeichnen, ist der richtige Ausdruck *reputable; serious* hingegen bedeutet «ernst» oder «ernsthaft» – ähnlich, aber nicht ganz das Gleiche. Verwirrung gibt es auch bei Verwandtschaftsverhältnissen von Unternehmen. Eine Muttergesellschaft ist im Englischen eine *parent company,* eine Tochtergesellschaft eine *subsidiary.* Und um die Verwirrung komplett zu machen, bezeichnet man *subsidiaries* der gleichen *parent company* als *sisters!*

Falsche Freunde sollte man nicht mit dem sogenannten Denglisch verwechseln. Damit bezeichnet man Wörter, die aus dem Englischen zu stammen scheinen, aber deutsche Erfindungen sind. Denglisch-Klassiker sind das Handy (UK *mobile phone,* US *cell phone*) oder das Public Viewing, was im Englischen ursprünglich Leichenschau bedeutet, auch wenn der Begriff mehr und mehr auch in Großbritannien in der «neuen» Bedeutung gebraucht wird. Wenn ein Engländer das Wort Beamer hört, dann denkt er an einen BMW und kann nicht verstehen, wie man damit Bilder an die Wand wirft, das macht man mit einem *data projector* oder auch nur *projector.* Aber auch das Wort City im Sinne von Innenstadt ist eine deutsche Erfindung. Man spricht von *city centre* oder *downtown;* zumal City mit großem C die City of London bezeichnet, also den Financial District.

Eine weitere Erfindung der deutschen Werbeindustrie ist das Boarding House. Ein *boarding house* bezeichnet für angelsächsische Ohren eine Pension, in die man sich längerfristig einmietet, in jedem Fall aber eine sehr preisgünstige Unterkunft. Die englische Verwendung des Begriffs beschreibt also so ziemlich das Gegenteil dessen, was mit dem Ausdruck Boarding House im Deutschen vermittelt werden soll. Die korrekte englische Bezeichnung ist *serviced apartments.*

Zum Schluss noch etwas ausgleichende Gerechtigkeit. Auch das Englische hat sogenannte *German loan words,* also Worte, die aus dem Deutschen übernommen wurden, weil es keinen passenden Ausdruck im Englischen gab. Diese beschreiben oft abstraktere Konzepte wie *ansatz* (im Sinne von Denkansatz), *zeitgeist, zugzwang, leitmotiv, realpolitik.* Aber auch für *schadenfreude* und *doppelganger* – im Englischen selbstverständlich ohne Umlaut – scheint es keine adäquaten englischen Entsprechungen zu geben. Besonders in Mode scheint das Wort «über» – natürlich auch ohne Umlaut, also *uber* – zu sein, denn man ist *uber-cool* oder *uber-hot,* natürlich nur wenn man nicht aus dem *hinterland* kommt – auch dies ein deutscher Begriff, der übernommen wurde.

PEST CONTROL

GEOTECHNICAL SURVEY

Literatur

zu S. 12f.: http://www.davidlawson.co.uk/Files/Finance_all_084.htm (22.02.2015)

Damian Abbott, Encyclopedia of Real Estate Terms, June 2000, Delta Alpha Publishing, London

http://www.dtz.com/Global/Research?vgnLocale=en_GB (19.08.2010)

http://www.cbre.com/EN/research/Pages/default.aspx (19.08.2010)

http://www.savills-studley.com/research-documents.htm (19.08.2010)

http://www.jll.eu/emea/en-gb/research (19.08.2010)

zu S. 14f.: http://www.exporeal.net/index-2.html (22.02.2015)

zu S. 16f.: Code of Measuring Practice: A Guide for Real Estate Professionals, RICS Measurement Group, September 2007, London

DIN 277, Teil 1–3, Grundflächen und Rauminhalte von Bauwerken im Hochbau, 2005, Beuth Verlag, Berlin

Gesellschaft für immobilienwirtschaftliche Forschung e.V. (gif):
Richtlinie zur Berechnung der Mietfläche für gewerblichen Raum (MF/G), Stand 1. Mai 2012 (Novellierung der MF/G 2004)
Richtlinie zur Berechnung der Mietfläche für Wohnraum (MF/W), Stand 1. Mai 2012
Richtlinie zur Berechnung der Verkaufsfläche im Einzelhandel (MF/V), Stand 1. Mai 2012

zu S. 18f.: http://en.wikipedia.org/wiki/Imperial_units (22.02.2015)

http://de.wikipedia.org/wiki/Metrisches_Einheitensystem (22.02.2015)

zu S. 20f.: http://www.strabag-vermietet.com/ratgeber/tipps-und-checklisten/checkliste-mietflaeche.html (22.02.2015)

http://news.bbc.co.uk/2/hi/uk_news/magazine/5193962.stm (22.02.2015)

http://www.ipd.com/performance-and-risk-analysis/real-estate-occupying/ (22.02.2015)

Scott Adams, The Dilbert Principle, 6 October 2000, panmacmillan, London

Karl-Werner Schulte, Anthony Lee, Eduard Paul (Hrsg.), Wörterbuch Immobilienwirtschaft, 4. Auflage 2011, Immobilien Zeitung GmbH, Wiesbaden zu S. 22f.: Scott Adams, The Dilbert Principle, 6 October 2000, panmacmillan, London

zu S. 24f.: Britt Beemer, The Lost Male Shopper, Research Review, Vol. 13, Issue 1, 2006, American Research Group

zu S. 26f.: https://www.destatis.de/DE/ZahlenFakten/Indikatoren/LangeReihen/Arbeitsmarkt/lrerw014.html (22.02.2015)
http://www.ipd.com/legals/indexes-disclaimer.html?/real-estate-indexes/ (22.02.2015)
http://www.bfs.admin.ch (03.05.2015)

zu S. 28f.: Oxford English Dictionary online, http://www.oed.com (22.02.2015)

zu S. 30f.: http://www.director.co.uk/magazine/2008/12%20December/Rocco_62_5.html (22.02.2015)

zu S. 34f.: https://www.destatis.de/DE/ZahlenFakten/GesellschaftStaat/EinkommenKonsumLebensbedingungen/Wohnen/Wohnen.html (22.02.2015)
http://blogs.wsj.com/economics/2015/01/29/u-s-homeownership-rate-falls-to-20-year-low/ (22.02.2015)
http://www.theguardian.com/money/2014/feb/26/homeownership-england-lowest-level-25-years (22.02.2015)
http://www.statista.com/statistics/246355/home-ownership-rate-in-europe/ (22.02.2015)
http://www.guardian.co.uk/society/2005/may/18/urbandesign.architecture (22.02.2015)
http://www.nzz.ch/aktuell/schweiz/wohneigentum-schweiz-1.18251039 (22.02.2015)

zu S. 36f.: http://www.princeofwales.gov.uk/the-prince-of-wales/initiatives/princes-rainforests-project (22.02.2015)
http://news.bbc.co.uk/2/hi/science/nature/8033535.stm (22.02.2015)
John Rathcliffe, Michael Stubbs and Mark Shephard, Urban Planning and Real Estate Development, Spon Press, 2004, Second Edition

zu S. 40f.: http://en.wikipedia.org/wiki/Peppercorn_(legal) (22.02.2015)
The glossary of property terms, Jones LangLaSalle in association with Estates Gazettes, edited by Geoffrey Parsons, second edition, 2004, London

zu S. 42ff.: http://www.academia.edu/459366/English_as_a_lingua_franca_in_education_-_Internationalisation_speaks_English (20.02.2015)
http://www.telegraph.co.uk/news/newstopics/howaboutthat/10280244/Translation-table-explaining-the-truth-behind-British-politeness-becomes-internet-hit.html (20.02.2015)

zu S. 48ff.: http://www.exporeal.net/index-2.html (22.02.2015)

zu S. 52f.: http://www.etymonline.com (22.02.2015)
http://www.rics.org (22.02.2015)

zu S. 54f.: The glossary of property terms, Jones LangLaSalle in association with Estates Gazettes, edited by Geoffrey Parsons, second edition, 2004, London

zu S. 56ff.: The glossary of property terms, Jones LangLaSalle in association with Estates Gazettes, edited by Geoffrey Parsons, second edition, 2004, London
http://de.wikipedia.org/wiki/Grundbesitz (22.02.2015)
http://www.etymonline.com (22.02.2015)
http://www.ukmove.co.uk/leaseholdinformationfreehold.html (22.02.2015)
http://libcom.org/news/article.php/land-ownership-right-roam-uk-10032006 (22.02.2015)
http://www.mypropertyguide.co.uk/articles/display/10106/what-is-the-difference-between-leasehold-and-freehold.htm (22.02.2015)
http://www.home.co.uk/guides/buying/leasehold_freehold.htm (22.02.2015)
http://de.wikipedia.org/wiki/Erbbaurecht (22.02.2015)
http://www.thecrownestate.co.uk (22.02.2015)
http://www.grosvenor.com (22.02.2015)

zu S. 60f.: http://en.wikipedia.org/wiki/Due_diligence (22.02.2015)
http://www.etymonline.com (22.02.2015)
http://legal-dictionary.thefreedictionary.com/Restrictive+Covenant (22.02.2015)

zu S. 64f.: http://superfundtmchs.wikispaces.com (22.02.2015)
http://en.wikipedia.org/wiki/Phase_I_environmental_site_assessment (03.05.2015)

zu S. 68f.: The New Oxford Dictionary, Oktober 2003, Oxford University Press, Oxford
Martin Parrot, Grammar for English Language Teachers, Cambridge University Press, Cambridge, March 2000

zu S. 70f.: The glossary of property terms, Jones LangLaSalle in association with Estates Gazettes, edited by Geoffrey Parsons, second edition, 2004, London zu S. 72ff.: http://www.joneslanglasalle.co.uk/UnitedKingdom/EN-GB/Pages/oscar-service-charge-analysis.aspx (22.02.2015)

http://www.rics.org/uk/knowledge/professional-guidance/codes-of-practice/service-charges-in-commercial-property/ (22.02.2015)

https://www.ipd.com/performance-and-risk-analysis/real-estate-occupying/about-occupiers/gemcode.html (22.02.2015)

zu S. 77ff.: http://en.wikipedia.org/wiki/Project_stakeholder (03.05.2015)

Alice Jovy, English Correspondence and Report Writing for Real Estate Professionals: Anleitung, Mustersätze und -formulierungen, Briefe und Fachvokabular zur Kommunikation in der Immobilienwirtschaft, 2. Auflage 2012, Immobilien Zeitung GmbH, Wiesbaden

Karl-Werner Schulte, Anthony Lee, Eduard Paul (Hrsg.), Wörterbuch Immobilienwirtschaft, 4. Auflage 2011, Immobilien Zeitung GmbH, Wiesbaden

zu S. 82f.: http://http://en.wikipedia.org/wiki/List_of_German_expressions_in_English (03.05.2015)

Index

Fachbegriffe

Der Künstler

Ralf Alex Fichtner wurde am 31. Mai 1952 in Aue geboren. Nach dem Abitur in Schwarzenberg begann er dreimal ein Studium und brach es dreimal wieder ab. Die ersten künstlerischen Erfolge hatte er im Ausland. In der DDR wurde er lange Zeit negiert. 1980 erfolgte der Durchbruch beim Eulenspiegel mit schwarzhumorigen Cartoons, Comics und Collagen. 1984 gelang ihm die Aufnahme in den Verband Bildender Künstler der DDR und seit 1988 arbeitet er freiberuflich. Inzwischen kann er auf rund vierzig Personalausstellungen zurückblicken. Den Höhepunkt bildeten dabei die Expositionen in der Galerie Etcetera in München. Dazu kommen noch unzählige nationale und internationale Beteiligungen.

Dank

Mein herzlicher Dank gilt der Immobilien Zeitung, insbesondere Thomas Hilsheimer für sein unermüdliches Lektorat und sein nettes Vorwort.

Als Alice Jovy und ich 2009 mit der Kolumne in der Immobilien Zeitung begannen, war das Schreiben nicht wirklich unser Geschäft, sondern Trainings und Seminare zu Immobilienenglisch. Aus diesem Grunde haben wir uns Unterstützung geholt, und ich möchte mich besonders bei folgenden Personen für ihre Zeit und Expertise bedanken: Dr. Barbara Hermes, Geschäftsführerin Scyo GmbH, Martin Greiner MRICS, Director DTZ, Prof. Dr. Thomas Kinateder, CoRE Campus of Real Estate an der Hochschule für Wirtschaft und Umwelt Nürtingen-Geislingen, und Prof. Dr. Matthias Thomas MRICS, CEO INREV.

Und natürlich gäbe es dieses Buch auch nicht, wenn nicht Prof. Dr. Jean-Paul Thommen und Anne Buechi vom Versus Verlag das Projekt so positiv aufgenommen hätten und sich Judith Henzmann dem Projekt nicht mit so viel Engagement und Fachkenntnis gewidmet hätte. Ganz besonders möchte ich mich bei Gunnar Herm MRICS, Head of Real Estate Research & Strategy Europe, UBS Global Asset Management, bedanken, dass er sich die Zeit genommen hat, sich die Texte nochmals aus Sicht des Schweizer Marktes anzusehen, sowie bei Judith Gabler, RICS Operations Director, EMEA, und Frank Peter Unterreiner, Immobilienjournalist und Herausgeber Immobilienbrief Stuttgart, für die wohlwollende Begleitung des Projekts und bei Reiner Lux, Geschäftsführer HypZert GmbH, für seine tatkräftige Unterstützung. Zu guter Letzt noch einen herzlichen Dank an Ralf Alex Fichtner für seine schönen Illustrationen.

Gisela Francis Vogt

Die Autorin

Gisela Francis Vogt leitet Real Estate Language Services (www.rel-services.com), einen Service rund um Englisch für die Immobilienbranche. Sie ist Dozentin für Immobilienenglisch am Campus of Real Estate an der Hochschule für Wirtschaft und Umwelt Nürtingen-Geislingen (CoRE), unterrichtet aber auch in zahlreichen Firmen und weiteren Institutionen. Außerdem ist sie Geschäftsführerin von SCYO creating learning, ein Unternehmen spezialisiert auf E-Learning für die Immobilienwirtschaft (www.scyo.com). Seit 2009 veröffentlicht Gisela Francis Vogt in unregelmäßigen Abständen die Kolumne Immobilienenglisch in der Immobilien Zeitung.

Bibliografische Information der Deutschen Nationalbibliothek

Die Deutsche Nationalbibliothek verzeichnet diese Publikation in der Deutschen Nationalbibliografie; detaillierte bibliografische Daten sind im Internet über http://dnb.dnb.de abrufbar.

Weitere Informationen zu Büchern aus dem Versus Verlag unter www.versus.ch

Umschlagbild und Kapitelillustrationen: Ralf Alex Fichtner
Satz und Herstellung: Versus Verlag · Zürich
Druck: Kösel · Krugzell

ISBN 978-3-03909-142-3

Anita Höhne / Dr. Leonhard Hochenegg

BRAINFOOD

Power-Nahrung fürs Gehirn

Essen Sie sich intelligent!

Mit vielen Rezepten für geistige Fitness,
Konzentration und Nervenstärke

Originalausgabe

WILHELM HEYNE VERLAG
MÜNCHEN

Heyne Kochbuch
07/4748

Umwelthinweis:
Dieses Buch wurde auf chlor- und säurefreiem
Papier gedruckt.

http://www.heyne.de
Printed in Germany 2000
Umschlaggestaltung und Bildcomposition:
Hauptmann und Kampa, Werbeagentur, CH-Zug,
unter Verwendung diverser Abbildungen von Stockfood, München
Satz: Schaber Satz- und Datentechnik, Wels
Druck und Bindung: RMO-Druck, München

ISBN 3-453-17179-9